16	3	2	13
5	10	11	8
9	6	7	12
4	15	14	1

Mikhail Bakhtin

Questões de estilística
no ensino da língua

Tradução, posfácio e notas
Sheila Grillo e Ekaterina Vólkova Américo

Apresentação
Beth Brait

Organização e notas da edição russa
Serguei Botcharov e Liudmila Gogotichvíli

editora■34

EDITORA 34

Editora 34 Ltda.
Rua Hungria, 592 Jardim Europa CEP 01455-000
São Paulo - SP Brasil Tel/Fax (11) 3811-6777 www.editora34.com.br

Copyright © Editora 34 Ltda. (edição brasileira), 2013
Tradução @ Sheila Grillo e Ekaterina Vólkova Américo, 2013
Copyright © Mikhail Bakhtin
Published by arrangement with Elena Vladimirovna Ermilova
and Serguey Georgevich Bocharov. All rights reserved.

A FOTOCÓPIA DE QUALQUER FOLHA DESTE LIVRO É ILEGAL E CONFIGURA UMA APROPRIAÇÃO INDEVIDA DOS DIREITOS INTELECTUAIS E PATRIMONIAIS DO AUTOR.

Capa, projeto gráfico e editoração eletrônica:
Bracher & Malta Produção Gráfica
Revisão:
Cecília Rosas

1ª Edição - 2013 (1 Reimpressão), 2ª Edição - 2019

CIP - Brasil. Catalogação-na-Fonte
(Sindicato Nacional dos Editores de Livros, RJ, Brasil)

B142q
Bakhtin, Mikhail (1895-1975)
Questões de estilística no ensino da língua / Mikhail Bakhtin; tradução, posfácio e notas de Sheila Grillo e Ekaterina Vólkova Américo; apresentação de Beth Brait; organização e notas da edição russa de Serguei Botcharov e Liudmila Gogotichvíli. — São Paulo: Editora 34, 2019 (2ª Edição).
120 p.

ISBN 978-85-7326-542-2

Tradução de: Vopróssi stilístiki na urókakh rússkogo iaziká v sriédnei chkóle

1. Ensino da língua. 2. Gramática.
I. Grillo, Sheila. II. Vólkova Américo, Ekaterina.
III. Brait, Beth. IV. Botcharov, Serguei (1929-2017).
V. Gogotichvíli, Liudmila. VI. Título.

CDD - 375.608

Questões de estilística no ensino da língua

Lições de gramática
do professor Mikhail M. Bakhtin,
Beth Brait 7

Nota das tradutoras 19

Questões de estilística no ensino da língua,
Mikhail M. Bakhtin 23

Sobre o texto de Bakhtin,
Liudmila Gogotichvíli 45

Notas da edição russa 61

Bakhtin, Vinográdov e a estilística,
Sheila Grillo e Ekaterina Vólkova Américo 93

Sobre o autor 117
Sobre as tradutoras 119

Lições de gramática do professor Mikhail M. Bakhtin

Beth Brait

> "As formas gramaticais não podem ser estudadas sem que se leve sempre em conta seu significado estilístico. Quando isolada dos aspectos semânticos e estilísticos da língua, a gramática inevitavelmente degenera em escolasticismo. [...] Na prática [...] o conteúdo das aulas de língua materna é a gramática pura."

> "Os professores de língua russa conhecem por experiência que a produção escrita dos alunos normalmente sofre uma mudança muito abrupta. Nas séries iniciais, não há diferença significativa entre produção escrita e falada das crianças. Eles [...] utilizam a língua de modo bastante livre; por isso, a linguagem desses trabalhos, embora nem sempre correta, é viva, metafórica e expressiva; a sintaxe das crianças aproxima-se da fala; eles ainda não se preocupam com a correção das construções e por isso formam períodos bastante audaciosos, que por vezes são muito expressivos. [...] Nessa linguagem infantil, embora de modo desajeitado, expressa-se a individualidade do autor; a linguagem ainda não está despersonalizada."

> "O sucesso da missão de introduzir o aluno na língua viva e *criativa* do povo exige, é claro, uma grande quantidade e diversidade de formas e métodos de trabalho. [...] Resta ao professor ajudar nesse processo de nascimento da individualidade linguística do aluno por meio de uma orientação flexível e cuidadosa."
>
> Mikhail Bakhtin

Uma apresentação não deve, de modo algum, roubar do leitor o prazer de uma leitura surpreendente e gratificante e, ao mesmo tempo, amparada pelo crivo de sua capacidade crítica de análise e avaliação. Tentarei, na medida do possível, deixar ao leitor a degustação de uma escrita que, sem ser literária, sobreviveu a seu tempo e, como se não fosse o bastante, parece indicar que o ensino de língua, especialmente de gramática, é um calcanhar de Aquiles há muito tempo, quer no Ocidente, quer no Oriente. Mas confesso que é uma tarefa difícil, na medida em que, além de tratar de problemas vivos no universo escolar até hoje, propondo uma metodologia para solucioná-los, o autor estabelece uma relação entre o procedimento metodológico e a perspectiva dialógica da linguagem oferecida pelo Círculo de Bakhtin — o grupo de teóricos liderado pelo autor nos anos 1920 —, interligando gramática, leitura, escrita, produção de sentidos e autoria. Mas certamente o leitor terá seus próprios instrumentos de interpretação, apesar desta apresentação ser confessadamente entusiasta, tanto do ponto de vista da valorização do inesperado conteúdo como da importância e qualidade da tradução para o português.

Os trechos que servem de epígrafe a esta apresentação fazem parte de um trabalho reconstituído a partir de arquivos, escrito por Mikhail M. Bakhtin ainda na primeira metade do século XX, como informam os organizadores da edição russa: mais precisamente, no período em que ele trabalhava como professor da Escola Ferroviária nº 39 da estação Saviólovo da região de Kalínin (Tvier) e, simultaneamente, da Escola Básica nº 14 de Kimri, ou seja, entre 1942 e 1945. Em português, pela tradução de Sheila Grillo e Ekaterina Vólkova Américo, feita diretamente do russo, o texto ganhou o título de *Questões de estilística no ensino da língua*, forma simplificada do título original *Questões de estilística nas aulas de língua russa no ensino médio*. Da mesma maneira que essas tradutoras e pesquisadoras fizeram com *O método formal nos estudos literários: introdução crítica a uma poética sociológica*, de Pável Medviédev, também aqui a cuidadosa tradução é acompanhada de notas — algumas pertencentes aos originais e à edição russa, outras escritas pelas tradutoras — imprescindíveis para o esclarecimento de vários aspectos presentes no texto, tais como a localização de obras e autores, o paralelo entre os anos escolares a que se refere o autor e os que temos atualmente no sistema brasileiro de ensino e, até mesmo, elementos ligados às diferenças sintáticas, por exemplo, entre os fenômenos linguísticos estudados por Bakhtin e sua existência ou não em português (caso da nota 16: "Esse recurso não existe na língua portuguesa, diferentemente da língua russa, em que há a possibilidade de o verbo ser substituído por travessão").

Sabemos que a tradução da obra de Medviédev recupera pela primeira vez em português um texto fundamental para o conhecimento do trabalho do chamado Círculo de Bakhtin, voltado para a teoria literária e para o diálogo polêmico com os formalistas russos, dentre outras importantes questões. O segundo texto escolhido pela dupla vai possibilitar ao leitor brasileiro adentrar ainda mais profundamente os interesses de Bakhtin pela linguagem, sua concepção e seu ensino. Se estudiosos, especialistas e desbravadores de arquivos já conheciam o lado professor do autor de *Problemas da poética de Dostoiévski*, o mesmo não se dá com o público em geral ou com aqueles que pensam que ele trabalhou exclusivamente com o texto literário. *Questões de estilística no ensino da língua* possibilita o conhecimento das frentes em que Bakhtin atuava, incluindo sua condição profissional e seu diálogo polêmico com os métodos de ensino de língua materna existentes na Rússia naquele momento. Se hoje louvamos a atuação de linguistas brasileiros (não somente brasileiros) que, depois de apontar problemas nas gramáticas, resolveram eles mesmos escrevê-las, como é o caso de Ataliba Castilho, José Carlos Azeredo, Luiz Carlos Travaglia, Marcos Bagno, Maria Helena Moura Neves, dentre outros, nos anos 1940 do século passado, Bakhtin também se preocupava com um ensino que, tratando abstratamente a língua, não lograva de fato ensinar seu comportamento vivo aos alunos. A tradução de Sheila Grillo e Ekaterina Vólkova Américo traz para o leitor brasileiro um trabalho de ensino de gramática, voltado para um aspecto específico, ou seja, períodos compostos por subordinação sem conjunção, articulando gramática e estilística, considerando os diferentes efeitos de sentido que uma frase pode gerar, dependendo da conjunção utilizada ou, mais especificamente, de sua omissão. De acordo com os editores russos do texto:

> Tomando como objeto de análise um tipo estrutural de oração definido com base em critérios lógico-gramaticais comuns (monológicos), porém, dando-lhe uma interpretação dialógica, Bakhtin problematiza de fato os postulados fundamentais da linguística e, em particular, aqueles critérios que tradicionalmente são vistos como fundamento da classificação gramatical dos fenômenos linguísticos. [...] Esse tipo de menção aos períodos compostos sem conjunções aparece já em *Marxismo e filosofia da linguagem* (em relação à tendência linguística geral e recente, notada por Charles Bally, de preferir as combinações paratáticas de períodos às hipotáticas [...].

Como se observa no destaque, além da publicação de um trabalho praticamente desconhecido de Bakhtin, o texto oferece alentados comentários dos editores russos, Serguei Botcharov e Liudmila Gogotichvíli, que tiveram o cuidado fazer uma edição explicando como está constituído o manuscrito (na verdade, dois: um plano de aula, mais metodológico, e um artigo, mais teórico), suas características, quando e onde foi publicado pela primeira vez, de forma que essas observações, essenciais à compreensão do trabalho de um Bakhtin professor, triplicam a edição que temos diante de nós. Trata-se de um verdadeiro ensaio dos editores que, na sequência do texto do autor, mostra a originalidade do trabalho de Bakhtin no que se refere ao objeto tratado e à forma de tratá-lo: "o objeto da 'problematização atualizada' é o período composto sem conjunções, ou seja, uma construção linguística geral que tradicionalmente não possui nenhuma ligação com o 'caráter dialógico' da construção sintática". Esse estudo mostra, ainda, "a especificidade da relação estabelecida por MMB entre esse tipo de período, que do ponto de vista tradicional está longe do dialogismo, e as relações dialógicas", estabelecendo a relação entre esse trabalho e análises desenvolvidas em outras obras:

> No plano do conteúdo, o artigo pode ser colocado ao lado dos trabalhos teóricos do "ciclo linguístico" (*Marxismo e filosofia da linguagem*, a segunda parte de *Problemas da obra de Dostoiévski*, *O discurso no romance*, *Os gêneros do discurso*, *O texto na linguística* e outros), sobretudo porque entre essas obras e o presente ensaio revelam-se os paralelos não apenas lexicais como também teóricos.

Há explicitamente nesse trabalho de Bakhtin a demonstração de que ele estava atento ao contexto escolar e à crise do ensino de língua em curso desde o início do século XX, e que sua atuação consistia, dentre outras coisas, em rever a posição do ensino da gramática na escola, considerando que uma certa estilística, então no centro de suas preocupações, poderia, se articulada à gramática, auxiliar os professores e levar os alunos a um conhecimento ativo de procedimentos característicos da língua literária e, também, da língua do cotidiano, da língua viva, em uso. A questão do ensino da língua materna, central para a compreensão do dilema dos professores naquele momento — e ainda hoje —, está assim apresentada pelos editores russos numa nota:

O problema da inter-relação entre gramática e estilística ligado à discussão do ensino escolar de língua russa foi abordado a partir do final do século XIX. [...] A mudança nas concepções científico-metodológicas que fundamentavam o ensino de língua russa [...] refletiu-se de forma imediata nos programas escolares: enquanto no programa dos anos 1921/22, aqui criticado por M. M. Bakhtin, defendia-se, de fato, a separação da gramática de outros aspectos da língua russa, por considerar que a gramática levava ao conhecimento e a estilística à prática; no programa dos anos 1933/34, o estudo da língua russa era orientado acima de tudo para o domínio dos gêneros discursivos fundamentais, sendo que o estudo de gramática privada da sua hegemonia anterior era articulado aos estudos de estilística, de ortografia e de regras do bem falar. Entretanto, no programa dos anos 1938/39 e nos programas estereotipados dos anos posteriores, vigentes na escola à época em que MMB escreveu o artigo, ideias análogas adquiriram efetivamente um caráter superficial e contraditório, assinalado aqui por MMB. Por um lado, condenava-se a "ruptura artificial e nociva" entre gramática, leitura literária e regras de bem falar, ao mesmo tempo em que se formulavam as tarefas do curso de língua russa essencialmente integrado (que MMB apontava como *truísmo*). Por outro, toda a área de "expressão oral e escrita" foi transferida para o programa de leitura literária, que limitava as aulas de língua russa à aprendizagem de conceitos gramaticais e aulas de ortografia (que Bakhtin chama de "pura gramática").

O que impressiona, no artigo e no panorama apresentado pelos editores russos, é a semelhança, *mutatis mutandis*, com os dilemas atuais do ensino de língua, especialmente (mas não exclusivamente) materna. As mudanças nas políticas de ensino, somadas às mudanças nas concepções científico-metodológicas e à sofisticação dos materiais didáticos, especialmente os livros que concorrem hoje aos programas oficiais do governo, não correspondem, enquanto volume de investimento público e privado, a índices de melhora na leitura e produção escrita e oral dos alunos. Bem ao contrário! E Bakhtin já reclamava dos manuais, como se pode observar na nota 8 da edição russa:

> No rascunho do artigo, MMB concretiza essa avaliação negativa dos manuais escolares de língua russa apontando diretamente a principal falha do manual de Barkhudárov [...]. Segundo MMB, os exercícios do manual "desorientam" tanto o professor quanto os alunos. Os exercícios, que parecem ser orientados aos aspectos estilísticos e relacionados com a seleção dos sinônimos gramaticais, de fato não abordam esses aspectos. Neles ocorre apenas uma enumeração da "maior quantidade possível" de construções sintáticas com significado semelhante sem qualquer explicação sobre as mudanças semânticas que acontecem nessas transformações sintáticas. [...]; já o restante dos exercícios desse capítulo estão relacionados à assimilação das regras de pontuação: "copiem, coloquem os sinais de pontuação e expliquem-nos".

E o que propunha Bakhtin naquele momento em que o impasse assemelhava-se ao atual? Um pouco à nossa moda, ou seja, dos que combinam pesquisa, ensino e tentativa de construir caminhos metodológicos a partir de teorias que enfrentam a língua viva, em uso, ele tentava uma articulação, em suas aulas, entre sua concepção dialógica de linguagem e a prática para o ensino de questões de gramática exigidas pelo programa oficial. Professor e pesquisador, Bakhtin observava e registrava durante suas aulas o comportamento linguístico dos alunos (de salas com muitos alunos, diga-se de passagem), levando em conta os resultados para preparar seus cursos, como se pode observar no seguinte trecho:

> Analisei detalhadamente todas as redações feitas em casa e na sala de aula de duas turmas paralelas de 8ª série produzidas no primeiro semestre, totalizando cerca de *trezentas* redações. Em todas essas redações ocorreram apenas *três* casos de utilização de período composto por subordinação sem conjunção (é claro, com exceção das citações)! Com o mesmo objetivo examinei aproximadamente *oitenta* redações dos alunos da 10ª série da mesma época. Nelas ocorreram apenas *sete* casos de utilização dessas formas.

Surpreendido com o fato de Bakhtin ser (além de tudo) um professor de língua no ensino médio, como aconteceu e acontece com a maioria de nós, o leitor poderá se perguntar: o que ele quer dizer com aspectos semânticos e especialmente estilísticos? E ele mesmo poderia responder, explicitando sua certeza de que o ensino isolado da gramática, que não leva o aluno a entender para que ela serve na vida, no uso, não poderia dar frutos. Assim, sua resposta nesse trabalho é: "Ajudar os alunos a entender o que muda quando escolho esta ou aquela palavra, esta construção sintática em lugar de outra". Para isso, constrói um texto em que a questão metodológica se coloca com a finalidade de ajudar, ao mesmo tempo, o professor e o aluno:

> Seria preciso fazer com que os alunos tomassem gosto por ela, forçá-los a apreciar o período

composto sem conjunção como um meio de expressão linguística excelente, por meio de uma minuciosa análise estilística das particularidades e vantagens dessa forma.

Sendo a questão básica *como fazer isso*, ele vai montar uma verdadeira sequência didática comentada (uma espécie de guia do professor), centrada na análise estilística de uma questão gramatical particular: o período composto por subordinação sem conjunção.

O texto orienta os procedimentos do professor, de maneira bastante concreta e didática, sugerindo a interação professor-aluno como forma de construção desse conhecimento gramatical e estilístico. Ele parte de três frases em que o fenômeno ocorre e vai demonstrando, no trabalho conjunto entre professor e alunos, como as variantes nas escolhas do falante/escrevente dizem coisas diferentes, sublinhando o ponto de vista do locutor, sua expressividade, os diferentes efeitos de sentido e a autoria.

Dessa forma ele se explica:

> Começamos o estudo gradual das razões da perda da expressividade na frase alterada. Antes de tudo, detemo-nos na análise das conjunções subordinativas "porque" e "uma vez que". [...] Adiante, junto com os alunos, chegamos à conclusão de que o elemento dramático do período sumiu totalmente: aquela entonação, a mímica e o gesto com ajuda dos quais expressávamos a dramaticidade interna durante a leitura em voz alta do texto de Púchkin tornaram-se claramente inconvenientes na leitura da nossa reformulação.

E, assim, ele vai construindo sua esclarecedora metodologia e seus procedimentos. O autor põe em prática conceitos teóricos bastante conhecidos dos leitores atuais do pensamento bakhtiniano, caso das *relações dialógicas*, ainda nomeadas como *elemento dramático*, segundo esclarecimento dos editores russos, e especialmente a *interação verbal*, sem obrigar o professor a submeter-se a uma enxurrada de teoria. Ele inicia a unidade com exemplos da literatura, levando os alunos a discutirem mudança de sentido e expressividade, e chega ao discurso cotidiano:

> Ao terminar a análise dos três períodos selecionados da obra de escritores clássicos russos, é necessário mostrar aos alunos como são comuns as formas de subordinação sem conjunção em nossa fala coloquial. Por exemplo, é preciso analisar o período a seguir: "Estou muito cansado: tenho trabalhado demais". E compará-lo com o período: "Estou muito cansado, porque tenho trabalhado demais".

Essa detalhada metodologia não prescinde de uma avaliação/autoavaliação do trabalho, demonstrando que o professor Bakhtin vai acompanhando as redações de seus alunos, observando se sua metodologia realmente produz os efeitos desejados, sendo o principal deles a autonomia do aluno enquanto autor. De fato, o principal objetivo de quem ensina língua é levar o aluno a ler e escrever com autonomia, tornando-se sujeito dessas duas atividades interligadas para a constituição de sua condição de cidadão. Segundo sua avaliação:

> A composição sintática da linguagem dos alunos melhorou significativamente. [...] A mudança da forma sintática resultou também em uma melhora geral do estilo dos alunos, que se tornou mais vivo, metafórico e expressivo, e o principal: come-

çou a revelar-se nele a individualidade do autor, ou seja, passou a soar a sua própria entonação.

Termino esta apresentação, deixando ao leitor a oportunidade de verificar que aqui fiz um resumo drástico de tudo que será encontrado nesse surpreendente artigo, sua cuidadosa edição e sua oportuna tradução.

Reitero apenas mais um aspecto que certamente fará o leitor repensar a relação constitutiva entre metodologia e teoria no pensamento bakhtiniano. Ao contrário de algumas afirmações de quem tem pouco contato com os trabalhos do Círculo, o texto traduzido por Sheila Grillo e Ekaterina Vólkova Américo demonstra, de forma cabal, que mesmo para ensinar período composto, com ou sem preposição, Bakhtin mobiliza a teoria dialógica.

Não é apenas a articulação entre gramática e estilística que está em jogo, ou a interação professor-aluno como forma de construção de conhecimento, embora esses dois aspectos sejam componentes do todo e estejam contemplados pela teoria e pela metodologia por ele proposta. É antes de tudo um conceito dialógico de linguagem que, assumido didaticamente pelo *professor*, coloca em movimento aspectos constitutivos da relação sujeito/linguagem, comunicação/expressividade, leitura/produção/autoria. E que na verdade está presente no conjunto da obra do Círculo, incluindo o momento em que, em *Marxismo e filosofia da linguagem*, aparece a seguinte afirmação, na qual destacamos o terceiro ponto, claramente viabilizado na análise desenvolvida em *Questões de estilística no ensino da língua*:

> Disso decorre que a ordem metodologicamente fundamentada para o estudo da língua deve ser a seguinte:
> 1) *As formas e os tipos da interação discursiva na sua relação com suas condições concretas*;

2) As formas dos enunciados ou discursos verbais singulares em relação estreita com a interação da qual elas são uma parte, isto é, os gêneros dos discursos verbais determinados pela interação discursiva na vida e na criação ideológica;
3) Partindo disso, revisão das formas da língua em sua concepção linguística habitual.[1]

E que os editores russos do texto de Bakhtin também destacam, interligando teoria e metodologia:

> Em vista disso, torna-se mais clara a relação entre os dois planos exposta no presente artigo: o externamente metodológico e o profundamente teórico. O presente artigo, que aparentemente representa uma análise particular estilístico-metodológica de um fenômeno sintático concreto (período composto sem conjunções), realizada, segundo o próprio artigo, com o objetivo de desenvolver o estilo individual da linguagem dos alunos; em um segundo nível, teórico, também está direcionado à especificação do conceito linguístico geral de MMB: aqui está elaborado (com base nas relações dialógicas compreendidas de modo especial) um dos fragmentos que, até então, não estava totalmente claro, e que era apontado ainda nos primeiros trabalhos sobre a tarefa teórica geral de "revisar as formas da língua em sua compreensão linguística comum".

---

[1] Valentin Volóchinov (Círculo de Bakhtin), *Marxismo e filosofia da linguagem*, tradução de Sheila Grillo e Ekaterina Vólkova Américo, 2ª ed., São Paulo, Editora 34, 2018, pp. 349-50.

Nota das tradutoras

O tradutor de textos acadêmicos busca uma precisão conceitual pautada por equivalências entre a língua de partida e a de chegada. Embora quiséssemos sempre traduzir os termos russos pela palavra equivalente em português, os diferentes contextos de determinadas palavras russas impossibilitaram que isso ocorresse. Abaixo, explicamos as escolhas de tradução de três termos russos centrais para a compreensão não só desse texto, mas também do conjunto da obra bakhtiniana.

O termo russo *predlojénie* foi traduzido por frase, oração e período. "Frase" foi escolhido para denominar as diferentes composições sintáticas do período (simples, por coordenação, por subordinação). Utilizamos "oração" quando se tratava de uma oração dentro de um período composto. Por fim, "período" foi empregado nos contextos em que Bakhtin faz uma análise das entonações dentro dos períodos com e sem conjunção. Parece que os tradutores norte-americanos lidaram com o mesmo problema, solucionado com o uso dos termos *sentence* e *clause*.[1]

---

[1] Mikhail Bakhtin, "Dialogic origin and dialogic pedagogy of grammar. Stylistics in teaching Russian language in Secondary School", tradução de Lydia Razran Stone, *Journal of Russian and East European Psychology*, v. 42, n° 6, nov.-dez. 2004, pp. 12-49.

A expressão russa *bessoiúznoie slojnopodtchiniónnoie predlojénie* foi traduzida por "período composto por subordinação sem conjunção". A tradutora americana usou a palavra *paratax* (parataxe), termo pouco corrente em nossa tradição gramatical e escolar e que Evanildo Bechara trata como sinônimo de coordenação. Entretanto, observando as frases analisadas por Bakhtin, constatamos que ele aborda períodos compostos por subordinação sem conjunções. O termo *rietch* foi o que mais gerou diferentes traduções, a saber: língua, linguagem, produção escrita, discurso.

No primeiro parágrafo do texto, optamos por traduzir *rietch* como língua, por tratar-se do objeto da gramática; fizemos o mesmo na página 39 do presente volume, por se tratar do papel da subordinação sem conjunção na língua russa. Os livros didáticos de língua russa utilizados no ensino básico frequentemente têm o título *Rodnaia rietch* ("Língua materna"), o que claramente prova que a palavra *rietch* também pode ser traduzida dessa forma. Neste último caso, a tradução americana optou pela palavra *speech*, que significa "discurso", outra possibilidade de tradução.

A palavra *rietch* também foi traduzida por "linguagem" na expressão "linguagem escrita e oral dos estudantes" (pp. 28 e 39 do texto russo, no presente volume). *Písmennaia rietch* (p. 141) significa literalmente "discurso escrito" ou "expressão escrita", mas, considerando o contexto escolar brasileiro, pensamos que a melhor tradução nesse caso é "produção escrita".

O termo *rietch* (pp. 31, 32, 33, 35, 39, 42) foi traduzido por "discurso" quando se referia aos efeitos estilísticos produzidos pela sintaxe nos exemplos analisados por Bakhtin. Trata-se da expressividade dos autores manifesta em suas escolhas sintáticas, por isso pensamos que a melhor tradução neste caso seria "discurso". Também traduzimos por "discurso" nos casos em que Bakhtin se refere ao uso da língua, à fala.

Por fim, a expressão *kultura riétchi* significa ao pé da letra "cultura da fala" e engloba a correção gramatical, linguística e estilística no domínio de uma língua. Optamos pela expressão "bem falar" por melhor expressar seu sentido em português.

Sheila Grillo e Ekaterina Vólkova Américo

Tradução do original russo "Vopróssi stilístiki na urókakh rússkogo iaziká v sriédnei chkóle", em Mikhail M. Bakhtin, *Sobránie sotchiniénii v semí tomákh* [Obras reunidas em 7 volumes], vol. 5, *Rabóti 1940-kh — natchála 1960-kh godóv* [Trabalhos dos anos 1940 ao começo dos anos 1960], Serguei G. Botcharov e Liudmila A. Gogotichvíli (orgs.), Moscou, Rússkie Slovarí, 1997.

Questões de estilística no ensino da língua[1]

Mikhail Bakhtin

As formas gramaticais [1][2] não podem ser estudadas sem que se leve sempre em conta seu significado estilístico. Quando isolada dos aspectos semânticos e estilísticos da língua, a gramática inevitavelmente degenera em escolasticismo. Nos tempos atuais essa afirmação, em sua formulação geral, já soa como um truísmo. Entretanto, no que diz respeito ao seu emprego concreto na prática educacional, a questão está longe do ideal. Na prática, muito raramente o professor dá e sabe dar explicações estilísticas para as formas gramaticais estudadas. Às vezes ele até aborda a estilística nas aulas de literatura (aliás, muito pouco e de modo superficial), mas o conteúdo das aulas de língua materna é a gramática pura. [2]

---

[1] Nesta edição, optou-se por uma forma simplificada do título original, "Questões de estilística nas aulas de língua russa no ensino médio". O sistema educacional na União Soviética passou por muitas reformas. Na época em que foi escrito o artigo (anos 1940), dividia-se em três partes: a pré-escola; o ensino médio; e o ensino superior. O ensino médio, por sua vez, dividia-se em ensino médio incompleto, da 1ª à 7ª série (equivalente no Brasil ao ciclo do ensino fundamental), e o ensino médio completo (opcional), da 8ª à 10ª série (equivalente no Brasil ao ensino médio). No artigo, Bakhtin relata um trabalho realizado com alunos do último ano do nosso ensino fundamental até o final do nosso ensino médio. (N. da T.)

[2] Os números entre colchetes referem-se às notas da edição russa, reproduzidas no presente volume às páginas 61-91. (N. da T.)

O problema é que uma abordagem mais ou menos sistemática da estilística das formas gramaticais isoladas[3] está totalmente ausente da nossa bibliografia metodológica. Essa abordagem da questão quase não foi colocada — nem se coloca[4] atualmente — em nossa literatura. Caso necessite compreender o significado estilístico de alguma forma gramatical, por exemplo, do aspecto verbal, do particípio, do gerúndio, o professor precisará consultar livros de acesso muito difícil, como *Algumas notas sobre a gramática russa* [*Iz zapíssok po rússkoi grammátike*] de A. A. Potebniá. [7] Embora bem profundas, as análises que ele encontrará nessa obra nem sempre são capazes de dar respostas às suas questões práticas. Repetimos: em lugar algum ele encontrará uma abordagem sistemática para as questões estilísticas da gramática. Desnecessário dizer que os manuais de S. G. Barkhudárov, bem como os textos de metodologia sob sua organização, não fornecem ao professor nenhuma ajuda nessa área.[5]

Toda forma gramatical é, ao mesmo tempo, um meio de representação. [9] Por isso, todas essas formas podem e devem ser analisadas do ponto de vista das suas possibilidades de representação e de expressão, isto é, esclarecidas e avalia-

---

[3] A antiga tentativa de V. Tchernichióv de elaborar tal estilística não teve êxito e não é capaz de ensinar quase nada ao nosso professor. Ver: V. Tchernichióv, *Právilnost i tchistotá rússkoi riétchi: ópit rússkoi stilistítcheskoi grammátiki* [*Correção e pureza da língua russa: estudo de uma gramática estilística russa*], São Petersburgo, 1914-5. [3]

[4] A gramática estilística (e seu fundamento: a estilística linguística) foi melhor estudada na França. Seus fundamentos científicos foram os trabalhos da escola de Ferdinand de Saussure ([Charles] Bally, [Albert] Sechehaye, [Pierre] Thibaud etc.). [4] Há excelentes manuais de prática escolar. [5] Na Alemanha, essas questões foram abordadas pela escola de Vossler (Leo Spitzer, [Etienne] Lorck, [Eugen] Lerch etc.). [6]

[5] Nesse manual, alguns exercícios de sintaxe desorientam completamente o professor. [8]

das de uma perspectiva estilística. No estudo de alguns aspectos da sintaxe, aliás muito importantes, essa abordagem estilística é extremamente necessária. Isso ocorre, sobretudo, no estudo das formas sintáticas paralelas e comutativas, isto é, quando o falante ou o escritor tem a possibilidade de escolher entre duas ou mais formas sintáticas igualmente corretas do ponto de vista gramatical. [10] Nesses casos, a escolha é determinada não pela gramática, mas por considerações puramente [11] estilísticas, isto é, pela eficácia representacional e expressiva dessas formas. Por conseguinte, em tais situações é impossível prescindir das explicações estilísticas.

Por exemplo, o aluno aprende em quais condições uma oração subordinada adjetiva pode ser transformada em um particípio e quando tal mudança é impossível, além de tomar conhecimento da técnica gramatical dessa conversão. Entretanto, nem os professores nem o manual explicam ao aluno quando e para quê essa alteração é feita. Involuntariamente o aluno se pergunta: para que preciso saber fazer tal transformação, se não entendo seu objetivo? Está claro que o ponto de vista estritamente gramatical não é em absoluto suficiente em tais situações. [12] Observemos as seguintes frases:

A notícia que eu ouvi hoje me interessou muito.
A notícia ouvida por mim hoje me interessou muito.

Ambas são gramaticalmente corretas. A gramática permite as duas formas. Mas quando devemos escolher uma ou outra? Para responder a essa pergunta, é preciso entender os aspectos estilísticos positivos e negativos, isto é, a especificidade estilística de cada uma dessas duas formas. O professor deve mostrar, de um modo que seja bem acessível aos alunos, o que perdemos e o que ganhamos ao escolhermos uma ou outra dessas frases. Ele deve explicar aos alunos que, ao transformar uma oração subordinada desenvolvida em uma reduzida de particípio, diminuímos a natureza verbal dessa frase, realçamos o caráter secundário da ação, expresso pelo verbo "ouvir", assim como diminuímos a importância da palavra indicativa de circunstância "hoje". Por outro lado, essa alteração provoca uma concentração de sentido e de ênfase no "protagonista" dessa frase, na palavra "notícia", ao mesmo tempo em que se obtém uma grande concisão expressiva.

Na primeira frase, há dois personagens ou protagonistas: "notícia" e "eu", sendo que algumas palavras agrupam-se em torno de "notícia" ("muito", "interessou" e "me"), e outras em torno de "eu" ("ouvi" e "hoje"). Na segunda frase, o segundo protagonista ("eu") sai de cena, e todas as palavras agrupam-se agora em torno do único protagonista, "notícia" (ao invés de "eu ouvi", agora temos "a notícia ouvida"). Isso altera o peso semântico específico das palavras isoladas que compõem a frase. A fim de levar os estudantes a compreenderem por si mesmos essa questão, [13] é útil fazer a seguinte pergunta: seria possível fazer a transformação, se o falante quisesse enfatizar [14] que foi justamente *hoje* que ele ouviu a notícia? Imediatamente fica claro para os estudantes como o peso específico dessa palavra enfraquece com a mudança. Em seguida, é preciso mostrar a eles que a natureza verbal da frase e o peso específico das palavras indicativas de circunstâncias podem diminuir ainda mais, se a oração reduzida de particípio for colocada antes do substantivo determinado por ele:

Ouvida por mim hoje a notícia me interessou muito.[6]

---

[6] Por ser uma língua declinada, o russo proporciona uma maior diversidade na ordenação das palavras na frase; variação acompanhada normalmente por uma mudança de ênfase. Nossa tradução procurou pre-

Por meio da correta entonação dessa frase, mostramos aos alunos que as palavras "ouvida por mim hoje" são pronunciadas de forma mais rápida e quase sem nenhuma ênfase. O valor semântico dessas palavras é diminuído drasticamente: é como se nossa entonação passasse por elas negligentemente, apressando-se em direção à palavra "notícia" sem parar no caminho, sem pausa. Os alunos compreenderão o sentido estilístico da colocação do particípio diante do referido substantivo, um sentido que seria completamente oculto para eles em uma abordagem formal e gramatical sobre o uso das vírgulas. A propósito, o uso das vírgulas ganharia um novo significado.

É óbvio que a explicação estilística de nossas frases está longe de esgotar o assunto. Porém, é suficiente para nossos objetivos. Nesse exemplo, o mais importante é mostrar a necessidade absoluta da interpretação estilística de todas as formas sintáticas parecidas. [15] Infelizmente, de modo geral, nossos professores têm dificuldade em dar tais explicações. Às questões dos alunos sobre quando e para quê fazer a transformação (que eles costumam fazer com frequência e insistência), o professor limita-se a responder de modo recorrente que convém evitar a repetição excessiva da palavra "que" [16] e orientar-se [17] pelo que for mais harmonioso. Tais respostas são insuficientes, além de incorretas em essência.

A interpretação estilística é absolutamente necessária para o ensino de todas as questões de sintaxe do período composto, [18] isto é, ao longo do curso inteiro da 7ª série.[7]

---

servar as alterações na ordem e no efeito estilístico, embora nem sempre o resultado soe natural em português. Observe-se que o mesmo ocorre com alguns exemplos retirados do artigo de Vinográdov utilizados no texto "Bakhtin, Vinográdov e a estilística" (pp. 93-116 deste volume). (N. da T.)

[7] Equivalente ao 9º ano do nosso ensino fundamental. (N. da T.)

[19] A análise estritamente gramatical desses aspectos faz com que os estudantes somente aprendam, no melhor dos casos, a analisar frases prontas em um texto alheio e a empregar os sinais de pontuação nos ditados de modo correto, mas a linguagem escrita e oral dos alunos quase não se enriquece com as novas construções: eles não utilizam, de modo algum, muitas das formas gramaticais estudadas e, quando o fazem, revelam total desamparo diante da estilística.

Sem a abordagem estilística, o estudo da sintaxe não enriquece a linguagem dos alunos e, privado de qualquer tipo de significado *criativo*, não lhes ajuda a criar uma linguagem própria; ele os ensina apenas a analisar a linguagem alheia já criada e pronta. Entretanto, isso já é escolasticismo. Neste trabalho, pretendemos nos deter na análise estilística mais detalhada de apenas uma forma: os períodos compostos por subordinação sem conjunção. A nosso ver, o ensino correto e profundo dessa forma é extremamente produtivo para que os alunos aprendam a usar a linguagem de modo criativo. Entretanto, essa questão ainda não foi elucidada na nossa bibliografia. Nos trabalhos de Potebniá, Chákhmatov e Pechkóvski encontra-se um número significativo de observações valiosas sobre diversos tipos de períodos compostos por subordinação sem conjunção, porém essas observações *não* foram sistematizadas e estão longe de serem completas do ponto de vista estilístico. [20] É claro, no nosso caso essa questão nos interessa antes de mais nada sob o prisma metodológico.

Por meio desse exemplo de análise estilística de uma questão gramatical particular, esperamos explicar melhor a nossa ideia geral sobre o papel da estilística nas aulas de língua materna. [21]

O período composto por subordinação sem conjunção (de todos os tipos) aparece muito raramente nas produções escritas por alunos dos últimos anos (8ª, 9ª e 10ª série do ensino médio).[8] Todo professor sabe disso por experiência própria. Analisei detalhadamente todas as redações feitas em casa e na sala de aula de duas turmas paralelas de 8ª série produzidas no primeiro semestre, totalizando cerca de *trezentas* redações. Em todas essas redações ocorreram apenas *três* casos de utilização de período composto por subordinação sem conjunção (é claro, com exceção das citações)! Com o mesmo objetivo examinei aproximadamente *oitenta* redações dos alunos da 10ª série referentes ao mesmo período. Nelas ocorreram apenas *sete* casos de utilização dessas formas. [22] As conversas com professores de outras escolas confirmaram as minhas observações. No começo do segundo semestre, fiz ditados especiais para a 8ª e 10ª séries nos quais havia períodos compostos por subordinação sem conjunção. Os resultados dos ditados foram bastante satisfatórios: havia pouquíssimos erros de pontuação nesses períodos.

Os ditados e as conversas posteriores com os alunos convenceram-me de que, ao encontrar o período composto sem conjunção em um texto alheio pronto, os alunos o entendiam bem, lembravam das regras e quase não erravam na pontuação. Porém, ao mesmo tempo eles não sabiam em absoluto utilizar essa forma em seus próprios textos, não sabiam utilizá-la de modo criativo. Isso aconteceu porque o significado estilístico dessa forma notável não foi devidamente abordado na 7ª série. Os alunos não sabiam seu valor. Seria preciso mostrar a sua importância para eles. Seria preciso fazer com que os alunos tomassem gosto por ela, forçá-los a apreciar o período composto sem conjunção como um meio de expressão linguística excelente, por meio de uma minuciosa análise estilística das particularidades e vantagens dessa forma. Mas como fazer isso?

[8] Séries equivalentes ao 1º, 2º e 3º ano do nosso ensino médio. (N. da T.)

Pelas minhas observações e pela minha experiência, esse trabalho deve ser organizado do seguinte modo. Ele deve basear-se em uma análise detalhada das três frases a seguir: 1) *Triste estou: o amigo comigo não está.* (Púchkin) 2) *Ele começa a rir — todos gargalham.* (Púchkin) 3) *Acordei: cinco estações tinham ficado para trás.* (Gógol) [23]

Ao começar a análise da primeira frase, em primeiro lugar devemos lê-la com uma expressividade máxima, até reforçando um pouco a sua estrutura de entonação e enfatizando, com ajuda de mímica facial e de gestos, o elemento dramático contido nessa frase: é muito importante fazer com que os alunos escutem e avaliem aqueles momentos de expressividade (sobretudo emocional) que desaparecerão quando a construção sem conjunção for transformada em um período composto por subordinação com conjunção que é mais habitual; eles devem sentir o papel norteador exercido pela entonação nos períodos desse tipo; eles devem sentir e ver qual é a necessidade interna de combinar a entonação com a mímica e o gesto quando o verso de Púchkin é pronunciado em voz alta. Depois que os alunos *escutam* a frase, depois que ela é levada à sua percepção artística imediata, será possível começar a análise daqueles recursos que ajudam a alcançar o seu efeito artístico e a sua expressividade. Essa análise deve ser feita na seguinte ordem:

1) Transformamos o período analisado em um período comum composto com a conjunção "porque" que é mais habitual. Tentaremos primeiro introduzir a conjunção de forma mecânica, isto é, sem mudar a frase:
Triste estou, porque o amigo comigo não está.
Após a discussão com os alunos, chegamos à conclusão que não é possível deixar a frase desse jeito; o uso da conjunção torna a inversão de Púchkin inadequada e é necessário reconstruir a ordem direta, "lógica" e comum das palavras:

Estou triste, porque o amigo não está comigo.
Ou:
Estou triste, uma vez que o amigo não está comigo.
Ambas as frases estão totalmente corretas tanto do ponto de vista gramatical quanto do estilístico. Ao mesmo tempo, os alunos aprenderam que a omissão ou a recolocação da conjunção não é um procedimento simplesmente mecânico: [24] ela determina a ordem das palavras na oração e, por conseguinte, a distribuição das ênfases dadas às palavras.

2) Fazemos a seguinte pergunta aos alunos: qual é a diferença entre a oração com conjunção criada por nós e a oração sem conjunção de Púchkin? Sem grandes dificuldades obtemos a resposta de que na nossa reformulação foi perdida a expressividade emocional da frase de Púchkin e que na variante reformulada a oração ficou mais fria, seca e lógica.

Adiante, junto com os alunos, chegamos à conclusão de que o elemento dramático do período sumiu totalmente: aquela entonação, a mímica facial e o gesto com ajuda dos quais expressávamos a dramaticidade interna durante a leitura em voz alta do texto de Púchkin tornaram-se claramente inconvenientes na leitura da nossa reformulação. De acordo com os alunos, a frase tornou-se mais livresca, muda, para leitura com os olhos: ela não pede mais uma leitura em voz alta. De modo geral, os alunos concluem que, do ponto de vista da expressividade, perdemos muito ao trocar a construção sem conjunção pela com conjunção.

3) Começamos o estudo gradual das razões da perda da expressividade na frase alterada. Antes de tudo, detemo-nos na análise das conjunções subordinativas "porque" e "uma vez que". Chamamos a atenção dos alunos para o *volume excessivo* e a sonoridade desagradável dessas conjunções. Exemplificamos como o discurso é afetado quando há um excesso dessas palavras volumosas, e como seu caráter torna-se livresco, seco e sonoramente desagradável, quando ocor-

re um uso frequente dessas conjunções. Por isso, os artistas da palavra sempre tentavam minimizar o seu uso. Contamos aos alunos como ao longo de todo o século XIX e ainda no século XX (em poetas arcaizantes como Viatcheslav Ivánov) continuaram a existir (principalmente na linguagem poética) as conjunções arcaicas do eslavo eclesiástico *ibo* e *zane*,[9] justamente porque eram mais curtas e soavam melhor do que "porque" e "uma vez que", excessivamente volumosas. Ilustramos essa questão com exemplos.

Adiante passamos às particularidades *semânticas* das conjunções subordinativas, explicando aos alunos que tais palavras auxiliares, como as conjunções subordinativas que expressam relações *puramente lógicas* entre os períodos, são totalmente privadas dos elementos visual ou imagético: não se pode visualizar o seu significado como uma imagem; por isso, elas nunca terão um significado metafórico no nosso discurso, nem serão usadas de maneira irônica, e tampouco a entonação emocional poderá basear-se nelas (ou elas simplesmente não podem ser pronunciadas com emoção); portanto, são totalmente privadas daquela vida rica e diversificada que as palavras com significado referencial ou imagético têm no nosso discurso. É claro que essas conjunções puramente lógicas são indispensáveis no nosso discurso, mas são palavras frias e sem alma. [25]

4) Após a análise das conjunções subordinativas, abordamos a sua influência no contexto inteiro. Antes de mais nada, explicamos aos alunos o significado estilístico da ordem das palavras no período (ou, mais precisamente, refrescamos essa questão em sua memória, pois eles já a devem conhecer). Mostramos (com exemplos) o significado especial da entona-

---

[9] São conjunções sinônimas com significado de "porque". O eslavo eclesiástico é uma língua eslava antiga que se formou por volta do século XI e continua a ser usada pela Igreja Ortodoxa russa contemporânea em missas, rituais etc. (N. da T.)

ção da primeira palavra do período (depois da pausa). A conjunção curta no começo da oração não ocupa um lugar especial na entonação, porém as locuções conjuntivas "porque" e "uma vez que" preenchem de forma improdutiva esse primeiro lugar (não sendo enfáticas) e, por isso, enfraquecem toda a estrutura entonacional do período. Além disso, a natureza semântica dessas conjunções e sua frieza específica influenciam toda a ordem das palavras no período: a inversão emocional torna-se impossível. Comparando o período de Púchkin com aquele modificado por nós, mostramos aos alunos como a recolocação provocou uma diminuição do peso entonacional da palavra "triste" na primeira parte do período composto e da palavra "comigo" na segunda parte; e como o tom emocional da palavra "não" foi bruscamente enfraquecido.

5) Fazemos os alunos tirarem suas próprias conclusões a partir de nossa análise. Apresentamos a seguir essas conclusões. A substituição da oração de Púchkin sem conjunção pela com conjunção resultou nas seguintes mudanças estilísticas:

    a) a relação *lógica* entre as orações simples, revelada e posta em primeiro plano, enfraqueceu a relação emocional e dramática entre a tristeza do poeta e a ausência do amigo;

    b) diminuiu-se drasticamente a carga entonacional, tanto em cada uma das palavras quanto em todo o período: o papel da entonação foi substituído pela conjunção lógica fria; agora, há mais palavras no período, porém bem menos espaço para a entonação;

    c) a dramatização da palavra por meio da mímica facial e do gesto tornou-se impossível;

    d) diminuiu-se a capacidade do discurso de produzir imagens;

    e) o período parece ter passado ao registro mudo, tornou-se mais adaptado à leitura silenciosa do que à leitura expressiva em voz alta;

f) a oração perdeu sua concisão e se tornou menos agradável aos ouvidos. [26]

A análise do segundo período de Púchkin pode ser realizada com base em tudo o que foi dito acima e de modo mais breve. É necessário chamar a atenção dos alunos apenas para o que há de novo no segundo período. Antes de tudo, lembramos aos alunos que aqui ocorre outra relação lógica entre orações simples: isso se expressa também em outro sinal de pontuação. [27] Adiante passamos à substituição dessa construção sem conjunção pela com conjunção. Aqui encontramos dificuldades de imediato. O período "Quando ele começa a rir, todos gargalham" não satisfaz de modo algum os alunos. Todos sentem que foi perdido um traço semântico muito importante. Comecemos a análise. Alguns dão a formulação "Sempre que ele ri, todos gargalham", outros sugerem "Apenas quando ele ri, outros também ousam gargalhar", ou então "Basta ele rir que todos começam a gargalhar servilmente". Todos concordam que o último período é o mais adequado do ponto de vista do sentido, embora ele reformule o texto de Púchkin com liberdade excessiva. A discussão com os alunos nos faz concluir que as palavras "sempre", "apenas quando" e "basta... que" — e até mesmo as palavras "ousam" e "servilmente" — transmitem sentidos diferentes das do texto de Púchkin e são necessárias para tanto, porém todas elas em conjunto não exaurem a plenitude desse sentido, que é inseparável da sua expressão verbal.

Antes de passar à análise seguinte seria útil apresentar aos alunos as particularidades semânticas das locuções conjuntivas que se manifestam na substituição desse tipo de frase. As locuções conjuntivas, diferentemente das conjunções, também possuem um caráter imagético, mas ele é fortemente enfraquecido e, portanto, privado da força metafórica; elas também admitem certa tonalidade emocional (muito fraca).

A presença das locuções conjuntivas nos períodos (principalmente as muito volumosas) traz lógica à sua estrutura, porém não tanto quanto a presença das conjunções subordinativas complexas.

Na análise posterior destacamos os seguintes aspectos:
1) A dramaticidade é própria da segunda frase de Púchkin, porém não é emocional como na primeira, mas *dinâmica*. A ação desenvolve-se diante dos nossos olhos como se fosse no palco; a segunda oração simples ("todos gargalham") literalmente responde à primeira ("Ele começa a rir"). É como se não estivéssemos diante da narração de uma ação, mas da própria ação. Essa dramaticidade dinâmica é alcançada antes de tudo por meio do estrito paralelismo na construção de ambas as orações: "ele" — "todos", "começa a rir" — "gargalham"; a segunda oração representa uma espécie de reflexo espelhado da primeira, assim como a gargalhada dos convidados é reflexo efetivo da risada de Oniéguin.[10] Desse modo, a construção do discurso reproduz de forma dramática o acontecimento narrado. [28] Chamamos a atenção dos alunos para a forma do verbo na primeira oração ("começa a rir"):[11] ela reforça a dramaticidade da ação ao mesmo tempo que expressa a sua reiteração (que, no período com conjunção, é expresso por meio de "sempre que").

2) Chamamos a atenção dos alunos para a laconicidade excepcional do período de Púchkin: duas orações simples formadas pelos termos essenciais e apenas seis palavras, mas com que plenitude o período revela o papel de Oniéguin nessa reunião de monstros, como mostra sua autoridade dominante! Observaremos também que, ao escolher para Oniéguin o verbo "rir" e para os monstros o verbo "gargalhar",

---

[10] Ievguêni Oniéguin, protagonista do romance em versos homônimo (1830) de Aleksandr Púchkin. (N. da T.)

[11] Em russo o verbo está no tempo futuro, porém em português optamos pelo presente. (N. da T.)

mostra-se claramente como eles deturpam de modo grosseiro e bajulador as ações do seu soberano.

3) Levamos os alunos à conclusão que encerra nossa análise: o período sem conjunções de Púchkin não narra um acontecimento, mas o apresenta de modo dramático diante de nós por meio da própria forma de sua composição. Quando tentamos transmitir seu sentido com a ajuda da forma subordinativa com conjunções, passamos da apresentação para a narração e, portanto, por mais que colocássemos palavras adicionais, nunca transmitiríamos toda a plenitude concreta daquilo que foi apresentado. [29] Ao tornar lógicas as relações entre as orações simples por meio da introdução das locuções conjuntivas, destruímos a dramaticidade evidente e viva do período puchkiniano. [30]

Depois de tudo que foi dito, a análise do terceiro exemplo não apresenta mais dificuldades. No período de Gógol, o dramatismo dinâmico que já conhecemos é expresso de forma ainda mais evidente, embora um pouco distinta. Na leitura do texto gogoliano é necessário transmitir, com certo exagero entonacional, a surpresa agradável do viajante que acabara de acordar. A pausa entre as orações simples (marcada por um travessão [31]) transmite a expectativa diante de uma surpresa, o que tem de ser expresso na leitura dramática por meio da entonação, da mímica facial e do gesto e, depois, é preciso apresentar, com uma admiração alegre, a segunda oração de modo a enfatizar a palavra "cinco" (já foram cinco!). Na apresentação desse período, a mímica facial e o gesto estão pedindo para serem usados — não dá para segurá-los! À nossa frente vemos esse viajante que esfrega os olhos sonolentos e, com agradável surpresa, descobre que, enquanto dormiu, já passaram cinco estações. Quando tentamos transmitir isso por meio da subordinação com conjunção, passamos para uma narração formada por um excesso de palavras, mas mesmo assim não conseguimos transmitir toda a plenitude do que foi mostrado e apresentado dramaticamente diante dos nossos olhos. Após a discussão com os alunos, optamos pela seguinte substituição: "Quando eu acordei, verificou-se que cinco estações já tinham ficado para trás".

Depois de formular e anotar na lousa esse período, chamo a atenção dos alunos para a expressão metafórica audaciosa, quase uma personificação usada por Gógol: "cinco estações tinham ficado para trás". De fato, não foram as estações que ficaram para trás (embora seja justamente essa a impressão imediata de quem está viajando), mas o viajante é que seguiu adiante. Perguntamos aos alunos se essa expressão soava bem em nossa reelaboração do período gogoliano (pois a de Gógol soava excelente) e se ela seria cabível no caso da subordinação com conjunção. Os alunos concordam comigo que essa expressão quebra um pouco o estilo lógico do nosso período e que ela deveria ser substituída por uma mais sóbria e racional, embora não menos metafórica e dinâmica: "eu já tinha passado cinco estações". Como resultado das transformações, obtivemos um período bastante correto, porém seco e inexpressivo: não sobrou nada da dramaticidade dinâmica de Gógol e do seu gesto impetuoso e audacioso.

A partir do exemplo analisado e do uso de material complementar, explicamos aos alunos que todas as expressões, imagens e comparações metafóricas murcham e perdem sua expressividade no ambiente frio criado por conjunções subordinativas e locuções conjuntivas; além disso, as comparações hiperbólicas, as metáforas e às vezes até os ilogismos diretos apreciados por Gógol seriam completamente impossíveis no âmbito sóbrio do período com conjunções. [32] Adiante, ampliamos um pouco essas teses e mostramos por meio de exemplos como, em um período composto por subordinação com conjunções (especialmente de causa), acontece uma rígida seleção lexical: são retiradas as palavras com forte conotação emocional, as metáforas audaciosas demais, bem como as palavras pouco "literárias" (no sentido mais estrito dessa palavra), populares, ligadas ao cotidiano simples e expressões específicas da linguagem coloquial. O período composto com conjunções tende ao estilo literário-livresco e evita a vivacidade coloquial e a desenvoltura da fala cotidiana. [33] Então, é possível contar aos alunos, de modo acessível, sobre o significado das formas sintáticas da subordinação sem conjunções na história da linguagem literária russa e mostrar a eles como as épocas complexas hipotáticas [34] frias e retóricas do século XVIII dificultavam a aproximação entre a linguagem literária livresca e a linguagem viva e coloquial; mostrar que o embate entre a natureza livresco-arcaica e a natureza viva coloquial na linguagem literária estava ligado de modo inseparável ao confronto entre as construções complexas (períodos) e as formas simples — em sua maioria sem conjunções — da sintaxe coloquial. [35] Esses aspectos podem ser bem ilustrados por meio de exemplos da sintaxe coloquial das fábulas de Krilóv[12] (cuja sintaxe, a propósito, era extremamente dinâmica); também seria útil comparar o estilo de Karamzin[13] nos períodos compostos hipotáticos da sua *História do Estado russo* com o estilo de suas novelas sentimentais.

Tais digressões históricas podem ser feitas não apenas na 8ª, mas também na 7ª série, caso se tenha bons alunos.

Ao terminar a análise dos três períodos selecionados da obra dos escritores clássicos russos, é necessário mostrar aos alunos como são comuns as formas de subordinação sem

---

[12] Ivan Andréievitch Krilóv (1769-1844), poeta e tradutor russo, autor de várias fábulas cujos enredos remetem às obras de Esopo e La Fontaine. (N. da T.)

[13] Nikolai Mikháilovitch Karamzin (1766-1826), historiador, escritor e poeta russo, autor da monumental obra *História do Estado russo*. (N. da T.)

conjunção em nossa fala coloquial. Por exemplo, pode-se analisar um período como o seguinte: "Estou muito cansado: tenho trabalhado demais". E compará-lo com o período: "Estou muito cansado, porque tenho trabalhado demais". É preciso mostrar como, no segundo caso, diminui-se a vivacidade e a expressividade do discurso. Depois de revelar o enorme significado das formas de subordinação sem conjunção na nossa língua e de atentar às suas vantagens diante das formas correspondentes com conjunções, [36] é necessário, porém, mostrar aos alunos a legitimidade e a necessidade da existência na língua dessas últimas formas também; é preciso não apenas apontar a importância da subordinação com conjunções na linguagem prática e científica, mas também a impossibilidade de evitá-la na literatura de ficção. Os alunos devem entender que as formas de subordinação sem conjunção não podem ser utilizadas sempre.

Depois, junto com os alunos, analisaremos os resultados de todo o trabalho estilístico que foi feito. O professor verifica em que medida o objetivo do trabalho foi alcançado: ele conseguiu ensinar aos alunos o gosto e o amor à subordinação sem conjunção? Os alunos conseguiram realmente apreciar o caráter expressivo e a vivacidade dessas formas? Se esse objetivo for atingido, resta ao professor apenas levar os estudantes a empregarem essas formas em sua linguagem oral e escrita.

Realizei essa prática da seguinte maneira. Em primeiro lugar, fazíamos uma série de exercícios especiais no decorrer dos quais formávamos diversas variantes de períodos compostos com e sem conjunções de acordo com temas previamente dados, ponderando cuidadosamente a conveniência e a utilidade estilística de uma ou de outra forma. Depois, ao corrigir os trabalhos feitos em casa e em sala de aula, eu chamava a atenção para todos os casos em que foi conveniente a substituição da subordinação com conjunção pela sem conjunção e fazia uma modificação estilística consequente nos cadernos dos alunos. [37] Durante a análise dos trabalhos na sala de aula, todos esses períodos eram lidos em voz alta e discutidos, sendo que às vezes os "autores" não concordavam com a minha correção e surgiam discussões animadas e interessantes. É claro, havia casos em que alguns alunos entusiasmavam-se demais com as formas sem conjunções e nem sempre as utilizavam de modo adequado. No geral, os resultados de todo esse trabalho eram bastante satisfatórios. A composição sintática da linguagem dos alunos melhorou significativamente. Nas duzentas redações do segundo semestre da 8ª série, já havia mais de setenta casos de uso de períodos compostos sem conjunções. Na 10ª série,[14] os resultados foram melhores ainda: ocorreram dois ou três períodos desse tipo em quase todas as redações. A mudança da forma sintática resultou também em uma melhora geral do estilo dos alunos, que se tornou mais vivo, metafórico e expressivo, e o principal: começou a revelar-se nele a individualidade do autor, ou seja, passou a soar a sua própria entonação viva. As aulas de estilística não foram em vão.

Finalmente, é necessário observar que as análises estilísticas, mesmo as mais profundas e elaboradas, são bastante acessíveis e agradam muito aos alunos desde que sejam realizadas de modo animado e os próprios jovens participem ativamente do trabalho. Assim como as análises estritamente gramaticais podem ser tediosas, os estudos e exercícios de estilística podem ser apaixonantes. Mais do que isso, ao serem realizadas corretamente, essas análises explicam a gramática para os alunos: ao serem iluminadas pelo seu significado estilístico, as formas secas gramaticais adquirem novo sentido para os alunos, tornam-se mais compreensíveis e interessantes para eles. [38]

---

[14] Equivale ao último ano do ensino médio na escola brasileira. (N. da T.)

Os professores de língua russa conhecem por experiência que a produção escrita dos alunos sofre normalmente uma mudança muito abrupta. Nas séries iniciais, não há uma diferença significativa entre produção escrita e falada das crianças. Eles ainda não escrevem redações e ensaios sobre temas de literatura e, nas suas redações (descrições e narrações), utilizam a língua de modo bastante livre; por isso, a linguagem desses trabalhos, embora nem sempre correta, é viva, metafórica e expressiva; a sintaxe das crianças aproxima-se da fala; eles não se preocupam ainda com a correção das construções e por isso formam períodos bastante audaciosos, que por vezes são muito expressivos. Por não conhecerem nada sobre seleção lexical, o seu léxico é variado e sem estilo, ao mesmo tempo que é expressivo e ousado. Nessa linguagem infantil, embora de modo desajeitado, expressa-se a individualidade do autor; a linguagem ainda não está despersonalizada.

Depois acontece uma mudança brusca. Ela normalmente começa no final da 7ª, porém atinge o seu auge na 8ª e na 9ª séries. Os alunos começam a escrever usando uma linguagem estritamente literária e livresca. Eles tomam como modelo a linguagem uniformizada dos manuais de literatura: na verdade, as suas primeiras redações sobre literatura consistem em simples paráfrase dos manuais. [39] Porém, por falta de experiência, a linguagem dos manuais torna-se ainda mais uniformizada e impessoal em seus trabalhos. Os alunos passam a ter receio de qualquer expressão original, qualquer locução diferente dos padrões livrescos por eles conhecidos. Eles escrevem para a leitura e não põem o texto escrito à prova da voz, da entonação e do gesto. É verdade que a sua linguagem torna-se mais correta do ponto do vista formal, mas ela é privada de personalidade, de cor e de expressividade. Os alunos entendem o caráter livresco dessa linguagem como algo positivo, bem como a sua diferença em relação ao discurso oral, vivo e livre.

O empenho perseverante do professor se torna necessário justamente aqui. [40] A nova mudança da produção escrita dos alunos precisa ser obtida com afinco e aproximada novamente do discurso oral, vivo e expressivo, isto é, da linguagem da vida viva. Porém, essa aproximação deve acontecer em um nível mais elevado de desenvolvimento cultural: precisamos aqui não da espontaneidade ingênua da linguagem infantil, mas da confiança corajosa e da ousadia da produção linguística adquirida por meio do estudo da língua dos clássicos da literatura.

Para tanto, a correta condução do ensino da 7ª série possui um significado decisivo. A sintaxe do período composto deve ser acompanhada do começo ao fim pela análise estilística. [41] Isto dará aos alunos uma boa vacina preventiva contra a doença infantil a ser enfrentada por eles: o caráter estritamente livresco da sua linguagem escrita. Esse mal será muito menos grave e eles se livrarão dele muito mais rapidamente. [42]

O trabalho estilístico deve ser continuado com a mesma intensidade na 8ª série. Na 9ª série é preciso alcançar uma mudança completa; é necessário tirar os alunos do beco sem saída da linguagem livresca, para colocá-los no caminho daquela utilizada na vida: uma linguagem tanto gramatical e culturalmente correta, quanto audaciosa, criativa e viva. A linguagem livresca, impessoal e abstrata, que ainda por cima se gaba ingenuamente da sua erudição pura, é sinal de uma educação pela metade. Uma pessoa completamente madura no sentido cultural não utiliza essa linguagem. [43]

A língua tem ainda uma influência poderosa sobre o pensamento daquele que está falando. O pensamento criativo, original, investigativo, que não se afasta da riqueza e da complexidade da vida, não é capaz de se desenvolver nas formas da linguagem impessoal, uniformizada, não metafórica, abstrata e livresca. [44] O destino posterior das capacidades criativas de um jovem depende em muito da linguagem com a qual ele se forma no ensino médio. O professor tem essa responsabilidade.

O sucesso da missão de introduzir o aluno na língua viva e *criativa* do povo exige, é claro, uma grande quantidade e diversidade de formas e métodos de trabalho. Entre essas formas, um lugar de destaque pertence ao trabalho com a subordinação sem conjunção que acabamos de analisar. Os períodos compostos sem conjunção representam uma arma poderosa na luta contra a linguagem livresca e privada de personalidade: neles, como havíamos observado, a individualidade do falante revela-se com maior liberdade e a sua entonação viva soa com mais clareza. Quando esses períodos são introduzidos na produção escrita dos alunos, eles passam a influenciar também outras formas desse discurso e até todo o seu estilo; a partir dessas formas inicia-se o processo de dissolução dos lugares comuns livrescos impessoais e a entonação individual do autor passa a transparecer em tudo. Resta ao professor ajudar nesse processo de nascimento da individualidade linguística do aluno por meio de uma orientação flexível e cuidadosa.

Sobre o texto de Bakhtin

Liudmila Gogotichvíli[1]

O artigo de Bakhtin foi publicado pela primeira vez na revista *Filologia Russa* [*Rússkaia Sloviésnost*], 1994, nº 2, pp. 47-56 (publicação e notas de L. S. Miélikhova). No arquivo, há dois textos manuscritos. O primeiro foi escrito à mão por MMB (Mikhail Mikháilovitch Bakhtin) em várias folhas de caderno, não numeradas porém ordenadas e inseridas dentro da capa de um caderno escolar. Na capa consta o título: "M. M. Bakhtin. Questões de estilística nas aulas de língua russa no ensino médio" [*M. M. Bakhtin. Vopróssi stilístiki na urókakh rússkogo iaziká v sriédnei chkóle*], mas na primeira página do próprio manuscrito o título é outro: "M. M. Bakhtin. Questões de estilística nas aulas de língua russa na 7ª série. O significado estilístico do período composto sem conjunções" [*M. M. Bakhtin. Vopróssi stilístiki na urókakh rússkogo iaziká v VII-om klasse. Stilistítcheskoie znatchiénie bessoiúznogo slójnogo predlojénia*]. Na presente edição, o texto é intitulado a partir do nome na capa do caderno. Pelo visto, esse manuscrito é o rascunho inicial do artigo (além das correções comuns do autor, aqui aparecem também diversas variantes estilísticas do mesmo fragmento, e alguns parágrafos estão riscados com uma linha ondulada). Além de ser um texto coeso, cujo final foi assinalado por

---

[1] Com a colaboração de Svetlana Savtchuk.

MMB, a mesma capa contém três folhas separadas que provavelmente são trabalhos dos alunos em língua alemã e, em seus versos (brancos), há diversas anotações de Bakhtin sobre o tema do artigo que não foram localizadas no texto integral do manuscrito.

O segundo manuscrito armazenado no arquivo (um caderno escolar com páginas numeradas mais cinco folhas soltas, totalizando 25 páginas escritas) foi escrito na sequência por várias pessoas, sendo que nenhuma das escritas é de Bakhtin. A partir das particularidades características dessas escrituras (inclusive dos vários erros ortográficos de um dos "escrivães"), é possível supor que MMB tenha ditado esse texto para alguns alunos das últimas séries. Provavelmente tendo diante de si os seus rascunhos iniciais do ensaio, MMB ditava aos "escrivães" o texto final do artigo que era corrigido à medida em que era ditado. Entretanto, mesmo essa segunda variante "escrivã" permaneceu inacabada (o manuscrito não tem título nem data, e tampouco os erros ortográficos foram corrigidos, ou seja, MMB provavelmente não releu esse manuscrito, e, portanto, não o estava preparando para entregar a alguma instância oficial nem para datilografar à máquina). É provável que ele não tenha mais precisado finalizar o texto (ver adiante).

A comparação entre o primeiro manuscrito (de Bakhtin) e o segundo (dos "escrivães") testemunha que as modificações referem-se, antes de mais nada, ao início e ao fim do artigo (ou seja, a primeira e a terceira partes, enquanto a segunda parte do trabalho é praticamente idêntica em ambas as variantes). Há também diferenças de composição: no rascunho de Bakhtin o trabalho possui três divisões demarcadas em algarismos romanos, enquanto na variante dos "escrivães" essa numeração não existe (embora tenham sido mantidos os espaços maiores entre as divisões do texto correspondentes). Além das diferenças estilísticas e lexicais particulares entre os dois manuscritos, há também discrepâncias maiores: na variante dos "escrivães", as anotações breves de MMB são desenvolvidas em grandes fragmentos inseridos no contexto. Em comparação com o rascunho, a parte do "panorama" e as informações de consulta também são ampliadas. Na presente publicação reproduzimos o segundo manuscrito dos "escrivães" sem quaisquer alterações (com a exceção dos erros ortográficos, que foram corrigidos), porém, além disso, todas as diferenças essenciais em termos de conteúdo entre o manuscrito dos "escrivães" e o rascunho de Bakhtin (principalmente os fragmentos do rascunho que não entraram no texto final) foram comentados especialmente e apresentados em notas a cada página.

O artigo foi escrito no período em que MMB trabalhava como professor da escola ferroviária nº 39 da estação Saviólovo da região de Kalínin (Tvier) e simultaneamente da escola média nº 14 de Kimri (1942-1945). Graças aos documentos que se conservaram no arquivo é possível estabelecer uma data mais precisa. Em primeiro lugar, no rascunho manuscrito de Bakhtin há uma folha solta escrita nos dois lados pelo próprio autor, onde é esboçado o resumo do plano de uma aula sobre língua russa na 10ª série da escola nº 14, referente ao seguinte tema: "Hífen e dois pontos no período composto (revisão geral)". De acordo com esse plano, a aula aberta foi dada (ou planejada para ser dada) em 18/4/1945. Entre os seis exemplos linguísticos previstos para essa aula, encontram-se os três períodos cuja análise estilística fundamenta o presente artigo. É possível supor que MMB tenha elaborado o plano da aula aberta simultaneamente ou, o que é mais provável, antes da escrita do artigo. A diferença entre os tipos de análise do material linguístico favorece a segunda suposição: na aula, na medida em que é possível julgar pelo plano, era prevista uma análise mais tradicional (lógico-sintática e entonacional); já no artigo, foi testada uma análise estilística reformulada, refletindo a abordagem "dialógica" da língua, específica de Bakhtin.

Em segundo lugar, conservou-se no arquivo uma folha de caderno solta com o seguinte texto, escrito por MMB:

> O trabalho individual de M. M. Bakhtin sobre o tema: "Questões de estilística nas aulas de língua russa na 7ª série" poderá ser finalizado e enviado apenas em 10 de junho, pois M. M. Bakhtin encontra-se atualmente muito ocupado com sua atividade principal como professor e membro da banca examinadora da 10ª série da escola nº 14.
>
> Diretor da escola 39

O mais provável é que esse texto tenha sido elaborado pelo próprio MMB como base para a declaração enviada ou preparada para envio (devido às exigências do trabalho) para alguma das subdivisões dos órgãos de educação nacional (por exemplo, um centro de apoio metodológico para professores ou um curso de aperfeiçoamento pedagógico). Esse documento permite estabelecer, com precisão de dias, o término do trabalho de Bakhtin sobre o artigo: seria, no máximo, dia 10 de junho de 1945. Embora não tenha sido fixado o ano no próprio documento, não pode ser nenhum dos anos anteriores (pois a data da fabricação do caderno com o manuscrito dos "escrivães" é 18/7/1944, ou seja, o caderno foi produzido após 10 de junho de 1944), nem nos posteriores, já que 1945 foi o último ano em que Bakhtin trabalhou na escola. Como já mencionado, o fato de o artigo não ter sido finalizado e provavelmente não ter sido enviado ao destinatário oficial deve estar relacionado com a transferência de MMB, já planejada naquele período, e com sua mudança para a cidade de Saransk (de acordo com os documentos, já a partir de setembro de 1945 MMB integra o corpo docente do Departamento de Literatura Estrangeira do Instituto Pedagógico de Mordóvia).

O motivo formal para a elaboração desse trabalho não

está de todo claro. Se o rascunho de Bakhtin provavelmente serviu de base para uma apresentação pública oral (uma prova disso é a palavra "apresentação" em sua parte final, bem como algumas particularidades de sintaxe), na segunda variante, "dos escrivães", esses sinais que apontam para o gênero "apresentação" estão ausentes e, na declaração de MMB mencionada acima, o texto é chamado de "trabalho individual" que pode ser "enviado" — ou seja, tratava-se provavelmente de um artigo ou estudo metodológico. Portanto, definir esse trabalho de MMB como "artigo", tal como se faz na presente edição, é, de certo modo, uma convenção.

Embora em termos de estilo o artigo corresponda ao estudo científico e metodológico e até represente um exemplo notável desse gênero, o seu conteúdo extrapola os limites do gênero. No plano do conteúdo, o artigo pode ser colocado ao lado dos trabalhos teóricos do "ciclo linguístico" (*Marxismo e filosofia da linguagem*, a segunda parte de *Problemas da obra de Dostoiévski*, *O discurso no romance*, *Os gêneros do discurso*, *O texto na linguística* e outros), sobretudo porque entre essas obras e o presente ensaio revelam-se os paralelos não apenas lexicais como também teóricos (alguns deles são mencionados adiante nos comentários). Sem dúvida o artigo possui uma divisão em dois planos e, por conseguinte, dois leitores presumidos: um professor interessado em metodologia do ensino e um linguista, embora a "leitura linguística" do artigo seja obviamente menos transparente e clara. Os fios semânticos que levam do primeiro plano do artigo (metodológico) ao segundo (teórico) revelam-se com mais precisão quando analisados em comparação com a situação geral da bibliografia metodológica daquele período. Assim, como sempre, MMB considera com exatidão a situação da época: os aspectos exclusivamente metodológicos presentes no ensaio deviam apresentar um interesse especial para um leitor interessado em metodologia, uma vez que eles tratavam diretamente dos temas metodológicos discutidos naquela época (mesmo nos dias de hoje eles ainda apresentam esse interesse, pois até o presente momento não foi estabelecida na metodologia do ensino de língua russa nenhuma compreensão unívoca das questões estudadas por MMB). Em particular, o artigo de Bakhtin está diretamente orientado para uma ampla discussão da crise do ensino da língua russa na escola que se iniciou em meados do século XIX na Rússia (e que estava especialmente em questão desde o início do século XX). Do ponto de vista formal, a posição de MMB aproxima-se nesse artigo da tradição metodológica russa desenvolvida por F. I. Busláev, I. I. Srezniévski, K. D. Uchínski, A. M. Pechkóvski, V. I. Tchernichióv, L. V. Schierba, entre outros. Dentro dessa tradição, havia uma crítica que se aproximava do ponto de vista de MMB, da separação entre o conteúdo do curso de língua russa e as necessidades da escola; afirmava-se em particular a necessidade de rever a posição da gramática no ensino; acentuava-se o estudo criativo da língua russa "viva". Uma importância especial era atribuída à análise do aspecto estilístico e, em particular, das questões da estilística gramatical que estavam justamente no epicentro da preocupação teórica de MMB na área de linguística. MMB compartilhava ainda o *pathos* geral dessa tradição metodológica que fazia uma crítica constante e persistente ao dogmatismo e ao escolasticismo na educação básica. O cerne da discórdia metodológica dentro dessa tradição única estava na compreensão diferente das causas do dogmatismo escolar e do escolasticismo, sendo que em épocas diferentes prevaleciam variantes distintas da compreensão dessas causas. É possível separar de modo convencional duas etapas principais: o começo do século XX e os anos 1920-30. Se, no começo do século, a fonte do dogmatismo e do escolasticismo era vista predominantemente na supremacia das ideias "não científicas" sobre a língua, nos anos 1920-30, ao contrário, o problema estava no "ultraformalismo", ou seja, na hipertrofia do "cientificismo". A primeira compreensão das causas da crise do ensino na escola foi expressa de modo concentrado no primeiro congresso dos professores de língua russa das instituições de ensino militar (1903), do qual participaram I. A Baudouin de Courtenay, I. A. Soboliévski, F. F. Fortunátov, A. A. Chákhmatov, L. V. Schierba, D. N. Uchakov, entre outros, e posteriormente no Primeiro Congresso Nacional de Professores de Língua e de Literatura Russa (27/12/1916-4/1/1917).[2] Em ambos os congressos foi recomendado que se buscasse uma base científica para a metodologia do ensino de língua na linguística teórica, influenciando de maneira decisiva a prática do ensino escolar nos anos seguintes à revolução. Como a "linguística teórica" daquela época desenvolvia-se ora sob a influência de Ferdinand de Saussure, ora sob influência direta do formalismo russo (sendo que as duas tendências linguísticas foram questionadas por MMB), os esquemas e os métodos de análise formalistas predominavam também na metodologia da escola. Embora no decorrer dos anos 1920 e 1930 (segunda etapa das discussões metodológicas) o curso escolar tenha sofrido certas correções decorrentes das críticas incessantes por parte dos linguistas que compreendiam sua área de modo mais amplo (ver, por exemplo, a crítica de A. M. Pechkóvski sobre as tendências "ultraformalistas" no ensino da língua — nota 2), a orientação geral da metodologia escolar para a linguística formal de Saussure (como se fosse "científica") se manteve mesmo nos anos 1940, ou seja, no período em que MMB escreveu o presente artigo.

De um modo geral, a posição de MMB "se encaixa" bem nos moldes daquela compreensão que se formou sobre as causas da crise do ensino escolar durante a segunda etapa

---

[2] Destaca-se nesse grupo Ivan Aleksándrovitch Baudouin de Courtenay (1845-1929), de origem polonesa, um dos criadores da linguística russa no século XIX e no início do século XX e um dos seus mais importantes expoentes. (N. da T.)

do desenvolvimento da tradição metodológica mencionada (coincidindo, em particular, com a crítica de Pechkóvski ao ultraformalismo); no entanto, de fato, ela se opõe ao primeiro e ao segundo modo de compreender as razões da crise, isto é, tanto ao formalismo quanto a Pechkóvski (sobre as divergências entre as posições de MMB e Pechkóvski, ver nota 12). A razão do predomínio da escolástica no ensino encontra-se, de acordo com MMB (argumento fundamentado teoricamente no livro *Marxismo e filosofia da linguagem* e concretizado metodologicamente no presente artigo), em uma orientação *monológica* falsa por princípio, comum a todos os tipos de pensamento linguístico puramente teóricos e metodológicos em confronto naquele período (inclusive aquele tipo presente nos trabalhos de Pechkóvski que, de modo superficial e por conseguinte errôneo, pode ser percebido como próximo à opinião de MMB expressa no presente artigo). Para MMB, as origens do predomínio geral das tendências monológicas na linguística estavam na própria história dessa ciência que se formou no "processo de aprendizagem de uma língua morta e alheia".[3] Com tal abordagem, a língua viva é aprendida tanto na escola quanto na ciência "como se ela fosse morta, e a língua materna como se fosse estrangeira".[4] Na realidade, MMB defendia provavelmente o ponto vista de que a superação da escolástica e do dogmatismo no ensino escolar seria possível apenas quando as tendências monológicas tivessem sido superadas na própria linguística teórica e que o caminho para a superação do monologismo linguístico estaria, de acordo com a filosofia bakhtiniana geral sobre a linguagem, em uma adaptação completa e variada feita pela linguística de todo aquele conjunto de problemas

---

[3] Valentin Volóchinov (Círculo de Bakhtin), *Marxismo e filosofia da linguagem*, tradução de Sheila Grillo e Ekaterina Vólkova Américo, 2ª ed., São Paulo, Editora 34, 2018, p. 186. (N. da T.)

[4] *Idem*, pp. 191-2. (N. da T.)

que MMB relacionava ao seu conceito central de "relações dialógicas".

Em vista disso, torna-se mais clara a relação entre os dois planos exposta no presente artigo: o externamente metodológico e o profundamente teórico. O presente artigo, que aparentemente representa uma análise particular estilístico-metodológica de um fenômeno sintático concreto (período composto sem conjunções) realizada, segundo o próprio artigo, com o objetivo de desenvolver o estilo individual da linguagem dos alunos; em um segundo nível, teórico, também está direcionado à especificação do conceito linguístico geral de MMB: aqui está elaborado (com base nas relações dialógicas compreendidas de modo especial) um dos fragmentos que, até então, não estava totalmente claro, e que era apontado ainda nos primeiros trabalhos sobre a tarefa teórica geral de "revisão das formas da língua em sua concepção linguística habitual".[5] Embora a ideia dessa classificação "dialógica" de todas as formas da língua, totalmente nova para a linguística, nunca tenha sido realizada completamente por MMB nem no sentido prático, nem no teórico, é mais provável que justamente ela deva ser vista como um objetivo final hipotético de toda concepção linguística de MMB. As análises sintáticas concretas feitas em *Marxismo e filosofia da linguagem*, *Problemas da obra de Dostoiévski*, "O discurso no romance" e no presente artigo permitem avaliar, de modo hipotético, a força heurística potencial dessa ideia bakhtiniana, resguardadas as especificidades de cada um desses trabalhos.

A originalidade do presente artigo consiste no fato de que, enquanto nos outros trabalhos o "teste" da teoria dialógica era realizado basicamente nos diferentes meios de transmissão do discurso alheio, que, já por sua natureza, pressu-

---

[5] *Idem*, p. 220. (N. da T.)

poem relações dialógicas (enfatizava-se o estudo da linguagem das obras literárias nas quais a própria presença de vários personagens pressupõe, de antemão, a presença de relações dialógicas) — nesse caso o objeto da "problematização atualizada" é o período composto sem conjunções, ou seja, uma construção linguística geral que tradicionalmente não possui nenhuma ligação com o "caráter dialógico" da construção sintática.

Antes de passarmos à especificidade da relação estabelecida por MMB entre esse tipo de período — que, do ponto de vista tradicional, está longe do dialogismo —, e as relações dialógicas, é necessário analisar o problema terminológico que surge nesse caso. Nos anos 1940-50, MMB costumava usar em seus textos vários tipos de "hibridismos" terminológicos compostos do "sentido" completo ou mais frequentemente reduzido da autoria de Bakhtin revestido por uma "envoltura" linguística "alheia" amplamente conhecida (e, portanto, compreensível ao leitor pressuposto por MMB). Uma situação semelhante no sentido terminológico ocorreu também no presente artigo. O próprio termo "relações dialógicas" não é usado nenhuma vez no texto do artigo, assim como não são mencionados os termos diálogo e dialogismo. Para esse conjunto de categorias bakhtinianas é usado o conceito de "*dramatização*" (ou "dramaticidade") na qualidade de sinônimo funcional ("hibridismo terminológico"). Obviamente o termo "dramatização" não é de modo algum semelhante às relações dialógicas. Mais do que isso, em outros trabalhos o conceito de "dramatização" às vezes é usado quase no sentido oposto ao de diálogo. Assim, nas obras de MMB sobre os estudos literários em que a teoria da polifonia é desenvolvida (sobre o vínculo entre polifonia e relações dialógicas, ver o livro *Problemas da poética de Dostoiévski*), o drama é analisado não apenas como um fenômeno não polifônico, mas também é chamado diretamente de gênero monológico. Entretanto, se considerarmos a orientação de

Bakhtin para a percepção do leitor (e essa percepção inclui em particular a presença ativa do conceito de dramatização nos trabalhos linguísticos conhecidos e respeitados daquele período, inclusive as numerosas obras de V. V. Vinográdov), o conceito de drama e seus derivados (dramatismo, dramaticidade, dramatização, e assim por diante) tornam-se um sinônimo conveniente, embora também "de certo modo alheio", para as relações dialógicas, porque elas criam para o leitor um exemplo concreto de desintegração de um enunciado íntegro monológico em "vozes diferentes". Esse hibridismo bivocal terminológico foi muito usado por MMB também em outros textos, como, por exemplo, "Anotações de 1961" ["1961 Zamiétki"]:[6] "A palavra é um drama do qual participam três personagens (não é um dueto, mas um trio)". É possível até falar sobre uma constante correlação textual e semântica entre o dialogismo e o dramatismo que pode ser observada em várias obras de MMB (*Marxismo e filosofia da linguagem*, *Problemas da poética de Dostoiévski*, "O discurso no romance", "O texto na linguística" e "Diálogo I"[7]). Do mesmo modo, é bem provável que o conceito de "dramatismo" tenha sido um embrião semântico não desenvolvido de mais uma categoria bakhtiniana dialogicamente orientada e oposta à interpretação estritamente monológica de dramatismo elaborada pelo opositor constante de Bakhtin, V. V. Vinográdov.

No que diz respeito ao presente artigo, a relação direta entre a "dramaticidade" e as "relações dialógicas" aparece já naquele contexto em que MMB utiliza o procedimento de "dramatização" dos períodos analisados (ou seja, um exage-

---

[6] Esse fragmento está no artigo "O texto na linguística, na filologia e em outras ciências humanas", em *Os gêneros do discurso*, tradução de Paulo Bezerra, São Paulo, Editora 34, 2016, p. 98. (N. da T.)

[7] Ver "Diálogo I. A questão do discurso dialógico", em *Os gêneros do discurso*, op. cit., pp. 113-24. (N. da T.)

ro intencional da mímica facial, dos gestos, da entonação emocional e assim por diante). Aqui esse procedimento objetiva evidenciar a presença, em cada período composto sem conjunções, de *vários* "protagonistas" (mais do que dois) capazes de introduzir nessa construção formalmente unificada (monológica) a sua própria "voz" e, por conseguinte, capazes de entrar em relações dialógicas. No fim das contas, Bakhtin leva o leitor a uma conclusão teórica geral sobre a dialogicidade essencial (dramaticidade) de *todas* construções sem conjunções (ver exemplos 26, 30, 32).

Essa conclusão teórica que parece incidir sobre uma construção sintática isolada abrange, no entanto, toda a sintaxe e a gramática em geral. Tomando como objeto de análise um tipo estrutural de oração definido com base em critérios lógico-gramaticais comuns (monológicos), porém, dando-lhe uma interpretação dialógica, Bakhtin de fato problematiza os postulados fundamentais da linguística e, em particular, aqueles critérios que tradicionalmente são vistos como fundamento da classificação gramatical dos fenômenos linguísticos. O problema fundamental aqui subentendido pode ser formulado do seguinte modo: aonde levará a "colisão" entre as abordagens monológica e dialógica? Será que o método de análise dialógica de Bakhtin destruirá a classificação dos períodos compostos sem conjunções elaborada com base nos critérios lógico-formais (monológicos) e, por conseguinte, a classificação de todos os períodos compostos? Ou então, pelo contrário, os resultados da aplicação da abordagem dialógica confirmarão a justeza da separação do período composto sem conjunções (com todas as suas variantes) como um tipo autônomo, e portanto de todos os tipos de estruturas oracionais, o que, por sua vez, confirmará os critérios tradicionais de classificação dos fenômenos linguísticos. Quaisquer respostas categóricas para essas perguntas feitas em nome de MMB seriam precipitadas, primeiramente, porque o próprio autor apenas traçou os contornos de uma possível classificação nova (dialógica) dos fenômenos linguísticos. Entretanto, é inquestionável que, na opinião de MMB, a abordagem dialógica mudaria, de um ou de outro modo, a classificação tradicional. Resta apenas a pergunta sobre o quão essenciais serão essas mudanças: se elas abarcarão apenas alguns tipos de períodos ou, levadas ao limite, mudarão totalmente a própria nomenclatura e o tipo de correlações entre os objetos a serem classificados.

Já no que diz respeito aos períodos compostos por subordinação sem conjunções analisados no artigo (se os aspectos esboçados por Bakhtin forem desenvolvidos de modo hipotético), esse tipo de período único do ponto de vista lógico-gramatical (monológico) provavelmente se desintegrará em *vários* tipos de construções sintáticas dialógicas, embora, por outro lado, esses tipos diferentes, em um nível mais elevado de abstração, possam ser analisados como um único "arquétipo" dotado de características linguísticas gerais e já puramente formais.

Em relação a esse problema teórico geral, surge outra pergunta: será que justamente a escolha das construções sem conjunções como objeto da análise dialógica feita por MMB no artigo foi ocasional? Se desconsiderarmos as suposições de que o artigo teria sido produzido sob encomenda externa a respeito do tema ou por conveniência prática (uma possibilidade de interpretar dialogicamente um tipo sintático estudado no programa escolar), então uma das razões dessa escolha poderia ter sido a constatação feita por Bakhtin de que as construções sem conjunções fazem parte dos fenômenos linguísticos que "sinalizam" as tendências internas de desenvolvimento da língua em geral. Esse tipo de menção aos períodos compostos sem conjunções aparece já em *Marxismo e filosofia da linguagem* (em relação à tendência linguística geral e recente, notada por Charles Bally, de preferir as combinações paratáticas de períodos às hipotáticas, p. 296 e seguintes); já no presente artigo MMB atenta para o papel ativo dos períodos sem conjunções justamente na história da linguagem literária russa que, desde o fim do século XVIII, vive um processo de atrofiamento gradual das formas de discurso livrescas, na terminologia de Bakhtin, monológicas, e de fortalecimento das formas coloquiais orientadas para o interlocutor, para a comunicação, para o diálogo ("Diálogo I. A questão do discurso dialógico"[8]). As construções sem conjunções, que penetram nos gêneros literários a partir da fala coloquial, por serem a forma linguística ideal para realizar essa tendência, resultam em um enfraquecimento do aspecto monológico da língua e em um fortalecimento do aspecto dialógico, favorecendo a formação dos traços atualizados da construção sintática geral da língua[9] (de acordo com MMB, são traços que foram atualizados justamente no sentido do dialogismo).

Provavelmente é necessário considerar que MMB tem, neste artigo, uma maneira específica de compreender os procedimentos tradicionais de análise sintática: aquilo que na linguística monológica é usado como uma demonstração "direta", MMB usa como uma demonstração "pela inversa". Assim, o método utilizado pelo autor para a transformação das construções sem conjunções em períodos compostos por subordinação — cujo sentido (do método) consiste em uma explicitação (expressão verbal) e, portanto, na colocação em primeiro plano justamente das relações lógicas (em particular das relações causais) entre as partes dos períodos sem con-

---

[8] Ver "Diálogo I. A questão do discurso dialógico", em *Os gêneros do discurso*, op. cit. (N. da T.)

[9] Compare-se a opinião oposta de A. M. Pechkóvski, segundo a qual a evolução da língua avança rumo a uma diferenciação gramatical maior, seja ela coordenativa ou subordinativa (ou seja, da ausência de conjunções à conexão dos períodos com conjunções). A. M. Pechkóvski, *Rússki síntaksis v naútchnom osvechéni* [*A sintaxe russa sob uma luz científica*], Moscou, Iazik Islaviánskoi Kulturi, 1956, p. 474.

junções —, serve aqui não para explicar as pressuposições diretas (o que, de acordo com o pensamento linguístico monológico, esclarece o próprio sentido do período inicial), mas para ilustrar concretamente uma circunstância inversa: o fato de que a essência das relações dialógicas que integram a estrutura profunda do conteúdo dos períodos compostos sem conjunções *não pode ser* reduzida nem às relações lógicas, nem às formais e gramaticais, nem às psicológicas, nem às mecânicas, nem às de qualquer outra natureza ("Anotações de 1961"). De acordo com Bakhtin, as "transformações" não só são incapazes de transmitir adequadamente o sentido do enunciado original,[10] mas também, como são baseadas, por sua natureza, em um realce às ligações monológicas, levam inevitavelmente à *redução* das relações dialógicas presentes no período inicial. Ao explicitar, como exige o método das transformações sintáticas, as relações lógicas que, é claro, assim como as relações dialógicas, estão presentes de modo implícito em cada período composto sem conjunções, chegaremos aos períodos compostos por subordinação "comuns" com as relações de tempo ou de causa, que parecem ser independentes da situação da fala. Já a explicação das relações dialógicas resulta, na análise de Bakhtin, em um restabelecimento da situação comunicativa subentendida, sempre baseada na interação de várias posições: do autor, do "protagonista", do tema, do ouvinte e daquele que falou antes (a característica dialógica concreta dos períodos sem conjunções e a explicação mais detalhada dos aspectos teóricos da análise bakhtiniana serão apresentadas nos comentários correspondentes a seguir), ou seja, revela certa perspectiva semântica implícita que ora escapa na análise sintá-

---

[10] Compare-se, em relação a isso, a afirmação oposta de A. M. Pechkóvski sobre a identidade absoluta entre os significados das entonações (que ligam as partes dos períodos sem conjunções) e alguns tipos lógicos de conjunções. *Idem*, p. 470.

tica tradicional construída sobre bases lógico-formais, ora é por princípio ignorada por essa análise. Essa última possibilidade não deve ser desconsiderada, pois nos trabalhos de Vinográdov tudo o que para Bakhtin faz parte das "relações dialógicas" continua a ser avaliado, embora com algumas ressalvas de caráter puramente semântico (não linguístico), como fenômenos retóricos fundamentados, no final das contas, em uma base lógica compreendida no espírito de G. G. Chpiet. Isso ocorre principalmente nos escritos de Vinográdov que saíram após a publicação de *Problemas da obra de Dostoiévski* e após o lançamento do artigo de Volóchinov, "Sobre as fronteiras entre a poética e a linguística" ["O granítsakh poétiki i lingvístiki"] na coletânea *Na luta pelo marxismo na ciência literária* [*V borbié za marksizm v literatúrnoi naúke*] (Leningrado, 1930), sendo que este último voltava-se especialmente contra o tipo de análise de Vinográdov.

Em geral, o segundo plano do presente artigo, profundamente teórico, revela-se tão essencial que com sua ajuda é possível preencher algumas lacunas teóricas e práticas que surgem nos estudos bakhtinianos quando se tenta reconstruir a filosofia da linguagem de Bakhtin em sua totalidade (ver as notas 15, 26, 30 e 32).

Notas da edição russa

[1] No manuscrito rascunhado (de Bakhtin), há três seções em algarismos romanos. No início do texto, encontra-se o numeral romano I.

[2] O problema da inter-relação entre gramática e estilística no que se refere à discussão do ensino escolar de língua russa foi abordado a partir do final do século XIX (F. I. Busláev, I. I. Srezniévski, K. D. Uchínski, N. F. Bunakov, V. I. Tchernichióv e assim por diante), mas ganhou uma força especial no período de preparação e realização da reforma escolar (no início do século XX e nos anos revolucionários). Sobre a evolução das opiniões nesse campo, ver A. M. Pechkóvski, "Vopróssi izutchiénia iaziká v semiliétke" ["Questões de estudo da língua nos sete primeiros anos da escola"], "Rol grammátiki pri obutchiéni stíliu" ["O papel da gramática no ensino do estilo"] e "Kak vestí zaniátia po síntakcissu i stilístike v chkólakh vzróslikh" ["Como dar aulas de sintaxe e estilística em escolas de adultos"], em *Vopróssi metódiki rodnógo iaziká, lingvístiki i stilístiki* [*Questões de metodologia de língua materna, linguística e estilística*], Moscou, 1930. A mudança nas concepções científico-metodológicas que fundamentavam o ensino de língua russa (ver "Sobre o texto de Bakhtin") refletiu-se de forma imediata nos programas escolares: enquanto no programa dos anos 1921/1922 defendia-se, de fato, a separação da gramática de outros aspectos da língua russa (o que aqui é criticado por MMB),

por considerar que a gramática levava ao *conhecimento*, e a estilística à *prática*, no programa dos anos 1933/1934 o estudo da língua russa era orientado acima de tudo para o domínio dos gêneros discursivos fundamentais, sendo que o estudo da gramática, privada da sua hegemonia anterior, era articulado aos estudos de estilística, de ortografia e de regras do bem falar. Entretanto, no programa dos anos 1938/1939 e nos programas estereotipados dos anos posteriores, vigentes na escola à época em que MMB escreveu o artigo, ideias análogas adquiriram efetivamente um caráter superficial e contraditório, assinalado aqui por MMB. Por um lado, condenava-se a "ruptura artificial e nociva" entre gramática, leitura literária e regras de bem falar, ao mesmo tempo em que se formulavam os objetivos de um curso de língua russa essencialmente integrado (que MMB apontava como *truísmo*). Por outro, toda a área de "expressão oral e escrita" foi transferida para o programa de leitura literária, que limitava as aulas de língua russa à aprendizagem de conceitos gramaticais e aulas de ortografia (que Bakhtin chama de "pura gramática"), sendo que os próprios métodos de ensino de língua recomendados eram adequados a esses tópicos (análise sintática, seleção de exemplos de regras gramaticais, comentários históricos sobre fenômenos linguísticos isolados etc).

Para uma melhor compreensão da concepção bakhtiniana das relações entre gramática e estilística, ver *Marxismo e filosofia da linguagem*, "O problema dos gêneros do discurso" e "O discurso no romance".

[3] Vassíli Ilítch Tchernichióv (1867-1949), linguista famoso e respeitado naquela época, autor de trabalhos na área de linguagem literária russa, dialetologia, lexicologia e lexicografia, ortoepia, estilística, metodologia da língua russa. O livro de Tchernichióv *Právilnost i tchistotá rússkoi riétchi: ópit rússkoi stilistítcheskoi grammátiki* [*Correção e pureza da língua russa: estudo de uma gramática estilística russa*] recebeu, ainda em forma de manuscrito, o prêmio M.

I. Mikhelson pela Academia de Ciências em 1909 (por indicação de A. A. Chákhmatov) e teve três edições de 1911 a 1915. A avaliação negativa do livro de V. I. Tchernichióv pode ser explicada, provavelmente, pelo fato de MMB não concordar com o seu princípio básico de tratar a gramática estilística como uma lista de normas e variantes de emprego das unidades linguísticas, que tornam esse livro apenas um "guia normativo-estilístico". A escolha do critério de "correção" como base para a elaboração da estilística das formas gramaticais feita por Tchernichióv reflete, do ponto de vista de MMB, a tendência geral da linguística russa à abordagem normativa (monológica) da língua. É interessante que já a primeira edição do livro de Tchernichióv tenha sido detalhadamente analisada na resenha do famoso eslavista I. V. Iáguitch. Este, apesar de caracterizar o conceito geral do livro como impecável, recomendou ao autor ampliar a terceira parte, dedicada à sintaxe, justamente por conta do comentário estilístico (ver V. I. Tchernichióv, *Ízbrannie trudí v 2 t.* [*Obras selecionadas em dois volumes*], v. 1, Moscou, 1970, pp. 652-4), o que de fato corresponde à essência da crítica bakhtiniana. Entretanto, o livro de Tchernichióv recebeu uma crítica muito positiva, inclusive de sua parte estilística. Continuando a tradição que teve início com as gramáticas normativas de M. V. Lomonóssov e F. I. Busláev, e devido à grande influência sobre a linguística russa motivada por sua avaliação extremamente positiva, a obra de Tchernichióv contribuiu em muito para aumentar o interesse pelos aspectos normativos tanto nos trabalhos teóricos relativos ao bem falar (G. O. Vinokur, S. I. Ójegov, G. V. Stepánov, F. P. Fílin e outros), quanto nos manuais práticos de estilística, nos dicionários de "dificuldades" e "regras" e assim por diante (A. N. Gvozdiov, K. S. Gorbatchiévitch, D. E. Rosental, L. I. Skvortsov e outros). É importante observar que V. V. Vinográdov (diferentemente de MMB) valorizava bastante os trabalhos de Tchernichióv (ver V. V. Vinográdov, *V. I. Tcherni-*

chióv kak issliédovatel rússkogo literatúrnogo iaziká [*V. I. Tchernichióv como estudioso da língua literária russa*], publicado em *Rússki iazik v chkole* [*Língua russa na escola*], 1947, n° 2; e a introdução à edição: V. I. Tchernichióv, *op. cit.*, v. 1, Moscou, 1970).

4. Entre os principais trabalhos dos representantes da escola de Ferdinand de Saussure na área da estilística linguística estão os seguintes nomes: Charles Bally (1865-1947), *Précis de stylistique*, Genebra, 1905; *Traité de stylistique française*, t. 1-2, Heidelberg, 1909 (tradução russa: *Frantsúskaia stilístika*, Moscou, 1961); *Le langage et la vie*, 1913; *Linguistique générale et linguistique française*, Paris, 1932 (tradução russa: *Óbchaia lingvístika i vopróssi frantsúskogo iaziká*, Moscou, 1955); A. Sechehaye (1870-1946), *La stylistique et la linguistique théorique — Mélanges de linguistique offerts à M. Ferdinand de Saussure*, Paris, 1908; *Les règles de la grammaire et la vie du langage*, *Germanisch-romanische Monatsschrift*, VI, 1914. Albert Thibaudet (1874-1936), o estudioso francês da literatura, também abordava os problemas de estilística na literatura de ficção. A sua interpretação do fenômeno de discurso alheio (*style indirect double*) que se encontra no livro *Gustav Flaubert* (Paris, 1922) foi destacada por L. Spitzer (*Zur Entstehung der sogenannten "erlebten Rede"*, *Germanisch-romanische Monatsschrift*, XVI, 1928) como a mais correta. Para Bakhtin, como se sabe, o discurso direto citado representava um ponto crucial para toda a linguística.

5. De fato, na França publicavam-se muitos manuais desse tipo. É difícil especificar sobre o quê Bakhtin falava exatamente, mas veja-se, por exemplo, os seguintes livros: Charles Bally, *Traité de stylistique française*, t. 2, Heidelberg, 1909 (o tomo 2 contém apenas exercícios direcionados para universitários e alunos do ensino médio); V. Bouillot, *Le français par les textes. Lecture expliquée. Récitation. Grammaire. Orthographe. Vocabulaire. Composition française. Cours*

moyen, Paris, 1929; A. Goby, *Le livre du maître pour l'enseignement de l'analyse*, Paris, 1934; E. Legrand, *Stylistique française*, Paris, 1924; P. Larousse, *Cours de style. Livre de l'élève*, Paris, 1875; M. Roustan, *Précis d'explication française*, Paris, 1911.

É interessante que os modelos de análise linguística do texto literário sugeridos por L. V. Schierba representavam, de acordo com suas próprias palavras, "as experiências de transplantar a *explication du texte* francesa" para o terreno da metodologia russa de ensino (L. V. Schierba, *Ópiti lingvstítcheskogo tolkovánia stikhotvoriéni. I. "Vospominánie" Púchkina* [As experiências de interpretação linguística de versos. I. "Memória" de Púchkin], Moscou, Progresso, 1923; *Ópiti lingvstítcheskogo tolkovánia stikhotvoriéni. II. "Sosná" Liérmontova v sravniéni s ego nemiétskim prototípom* [As experiências de explicação linguística de versos. II "O pinheiro" de Liérmontov em comparação com seu protótipo alemão], Leningrado, 1936; L. V. Schierba, *Ízbrannie rabóti po rússkomu iazikú* [Obras selecionadas de língua russa], Moscou, 1955, pp. 26-44, 97-109.

6. A análise detalhada dos principais pontos da escola de Vossler e o estudo crítico dos trabalhos dos representantes dessa escola encontram-se em *Marxismo e filosofia da linguagem*.

7. Quando Bakhtin escreveu o presente artigo já existiam duas edições da obra de A. A. Potebniá, preparadas pelo próprio autor, *Iz zapíssok po rússkoi grammátike* [Algumas notas sobre a gramática russa]: primeira edição — Voróniej, 1874 (primeira e segunda partes), segunda edição — Khárkov, 1888 (primeira e segunda partes), 1899 (terceira parte). A edição da quarta parte, *Glagól, mestoimiénie, tchislítelinoe, predlóg* [Verbo, pronome, numeral e preposição] (o mais provável é que MMB refira-se justamente a este livro), não finalizada pelo próprio Potebniá, foi editada por A. V. Viétukhov, M. D. Máltsev, F. P. Fílin em 1935 para o seu centé-

simo aniversário e lançada em 1941 em uma tiragem, relativamente pequena, de 5 mil exemplares.

8. No rascunho do artigo, MMB concretiza essa avaliação negativa dos manuais escolares de língua russa apontando diretamente a principal falha do manual de Barkhudárov que, em sua opinião, consiste na ausência de quaisquer indicações estilísticas (com a exceção de algumas observações de caráter estilístico no capítulo sobre os tipos de período simples). Segundo MMB, os exercícios do manual "desorientam" tanto o professor quanto os alunos. Os exercícios, que parecem ser orientados aos aspectos estilísticos e relacionados com a seleção dos sinônimos gramaticais, de fato não abordam esses aspectos. Neles ocorre apenas uma enumeração da "maior quantidade possível" de construções sintáticas com significado semelhante sem qualquer explicação sobre as mudanças semânticas que acontecem nessas transformações sintáticas. Assim é, por exemplo, o exercício 158 no capítulo sobre os períodos compostos por subordinação sem conjunções; já o restante dos exercícios desse capítulo estão relacionados à assimilação das regras de pontuação: "copiem, coloquem os sinais de pontuação e expliquem-nos".[1] Ver nota 12.

9. Por "ao mesmo tempo" entende-se provavelmente que a língua não é somente um meio de comunicação, mas também um meio de representação. Aqui, entretanto, são destacados somente os dois primeiros parâmetros da "tridimensionalidade" (conceito recorrente na obra de MMB), sendo que o terceiro, isto é, a compreensão da língua como *objeto* de representação foi omitido.

10. Na literatura metodológica russa, foi A. M. Pechkóvski que colocou o problema da sinonímia gramatical (*Vopróssi metódiki rodnógo iaziká, lingvístiki i stilístiki* [Ques-

---

[1] S. G. Barkhudárov, *Grammátika rússkogo iaziká. Síntaksis* [*Gramática da língua russa. Sintaxe*], Riga, 1941, p. 102.

tões de metodologia de língua materna, linguística e estilística], citação acima, pp. 152-8, 60). Posteriormente, o interesse por esse problema esteve ligado, em particular, à elaboração intensiva da metodologia de ensino do russo como língua estrangeira nas repúblicas soviéticas (G. A. Zólotova, L. Iu. Maksímov, I. P. Raspópov, V. P. Sukhótin etc.). Entretanto, a tarefa de estudo da sinonímia sintática como um dos objetivos das atividades de produção de textos orais e escritos recebeu a expressão explícita na escola soviética apenas nos programas de língua russa dos anos 1972/1973.

11. A palavra "puramente" foi retirada do manuscrito rascunhado de Bakhtin; no manuscrito "ditado" ocorre a palavra "frequentemente".

12. Apesar de ser importante para MMB, a questão da variação das formas gramaticais ("para que o aluno precisaria fazer tal transformação, se não entende seu objetivo") não tem, de fato, grande importância no sistema de Pechkóvski, que influenciou o ponto de vista geral sobre essa questão. Para ele, é mais importante constatar e classificar os sinônimos, sendo possível limitar-se "a nomear as diferenças gramaticais entre uma e outra forma com a ajuda dos termos habituais", pois "mesmo tal constatação, apesar de tudo, faz com que o aluno se desenvolva linguística e estilisticamente".[2]

13. Assim aparece no manuscrito "de escrivão"; na versão de Bakhtin a expressão está ilegível, porém é mais provável que seja "compreenderem por si mesmos".

14. Ver nota 15.

15. No artigo, a análise bakhtiniana desse exemplo ("A notícia que eu ouvi hoje me interessou muito") desempenha a função de uma introdução *sintática geral* (ver nota 18) à análise posterior das três variantes diferentes de uma cons-

---

[2] A. M. Pechkóvski, *Vopróssi metódiki rodnógo iaziká, lingvístiki i stilístiki* [*Questões de metodologia de língua materna, linguística e estilística*], Moscou-Leningrado, 1930, p. 60.

Notas da edição russa

trução sintática particular: o período composto sem conjunções. Apesar de não recorrer à sua terminologia habitual, MMB de fato registrou aqui o caráter *universal* das relações dialógicas para qualquer tipo de enunciado ou frase.[3] O acréscimo das relações dialógicas aos conceitos universais sintáticos é a base central de toda a filosofia bakhtiniana de linguagem. De acordo com Bakhtin, qualquer produção linguística, mesmo a mais "neutra" ou a mais abstrata e distante do diálogo, inevitavelmente guarda em si essas relações, pois os aspectos dialógicos estão sempre presentes já no próprio ato de concepção do objeto pela palavra ("O discurso no romance"). A saturação dos enunciados com essas relações, o seu peso específico e o grau de influência sobre o aspecto semântico do discurso podem ser variados (eles também podem ser reduzidos ao máximo, abafados quase por completo, porém, ainda assim, é impossível alcançar o "limite do zero"). Nos trabalhos bakhtinianos, somente as formas complexas *secundárias* das relações dialógicas (diferentes modos de refletir o discurso alheio pré-encontrado, antecipado ou subentendido que estão ligados à relação do falante e do seu enunciado com os diversos pontos de vista alheios) são normalmente analisadas; já o aspecto linguístico *prima-*

---

[3] Sobre a distinção bakhtiniana entre frase e enunciado, inexistente neste artigo metodológico, porém fundamental no plano teórico, ver "O problema dos gêneros do discurso". Em relação a isso, é necessário também considerar o fato de que depois, ao analisar os períodos separados, MMB, entretanto, considera em parte (ver abaixo) o contexto real das obras literárias das quais esses períodos foram retirados, isto é, analisa esses períodos como enunciados completos ou como elementos de um determinado enunciado conhecido pelos alunos, o que, na compreensão bakhtiniana, por um lado é justificável, mas por outro é um procedimento metodológico limitado. Compare-se também o comentário crítico realçado por Bakhtin de que, no artigo de Vinográdov sobre os períodos incompletos, todos os exemplos foram retirados de obras literárias sem quaisquer ressalvas metodológicas. "Iazik v khudójestvennoi literatúre" ["A linguagem na literatura de ficção"], *op. cit.*, p. 292.

riamente sintático, apesar de ter sido raramente abordado por Bakhtin, sempre esteve subentendido (a abordagem teórica desse problema ocorre, de modo mais preciso, durante a análise do discurso interior em *Marxismo e filosofia da linguagem*). Por fim, as mesmas formas complexas das relações dialógicas, estudadas detidamente por Bakhtin em "O discurso no romance", em *Problemas da obra de Dostoiévski* e em outros trabalhos, são, desde o início, "fundamentadas" naquele tipo básico de dialogismo (em que a palavra concebe seu objeto). Esse procedimento, de um modo ou de outro, influencia tanto a própria inter-relação entre o sujeito e o predicado na frase, quanto a mudança das "orientações objetuais" acentuadas (como se fossem "focos de atenção") ocorridas mesmo nos limites de uma única frase. Influencia também o estudo das relações entre essas orientações, assim como a mudança da sua composição, inclusive puramente quantitativa, e assim por diante. No exemplo aqui analisado, o aspecto universal do problema é expresso por MMB por meio da comparação da quantidade "simples" dos "protagonistas" (ou objetos): *dois* na frase inicial e *um* na frase transformada — e, depois, por meio da explicação das mudanças no sentido da frase decorrentes dessa transformação sintática (mais detalhes sobre a compreensão especificamente bakhtiniana dessa universalidade básica, dialógica da língua, denominada como "foco de atenção da frase" e comparada com outras formas das relações dialógicas, complexas e secundárias, de acordo com Bakhtin, ver L. A. Gogotichvíli "Filossófia iaziká M. M. Bakhtiná i probliéma tsénnostnogo reliativizma" ["A filosofia da linguagem de M. M. Bakhtin e o problema do relativismo valorativo"] em *M. M. Bakhtin kak filóssof* [*M. M. Bakhtin como filósofo*], Moscou, 1992, pp. 142-74).

Em relação a isso, a particularidade característica do presente artigo é a ênfase na *quantidade* dos "focos de atenção" na frase e nos meios sintáticos de alteração dessa quantidade que jamais apareceu antes numa forma tão persistente. Em outros termos, embora, é claro, o faça do seu ponto de vista dialógico específico, Bakhtin toca aqui naqueles problemas normalmente evitados por ele que são o objeto tradicional das pesquisas sobre os sistemas sintáticos (em particular o problema do sujeito e do predicado diretamente ligado à análise do foco de atenção da frase e do "verbo" que, no entanto, foi conscientemente ignorado por Bakhtin em outros casos; embora esse tema tenha sempre chamado a atenção de MMB, conforme constatamos em suas anotações e na literatura científica conservada no arquivo). A recusa costumeira de MMB a analisar esse tipo de problemas explica-se, aparentemente, pela sua discordância por princípio com as abordagens linguísticas predominantes desses temas, ou seja, aquelas que, do ponto de vista bakhtiniano, foram em sua maioria fundadas na categoria de "sistema de língua", entendida em qualquer uma de suas acepções. As universalidades linguísticas básicas pressupostas por Bakhtin não podiam ser interpretadas adequadamente dentro da abordagem "sistemática". Já o desejo de expressar, apesar de tudo, o seu ponto de vista "dialógico" apoiando-se no pensamento linguístico alheio resultou na preferência de MMB por ilustrar a especificidade do método proposto por ele com os problemas linguísticos mais "abertos": nas áreas da estilística, da divisão linguística em gêneros, dos meios de transmissão do discurso alheio e assim por diante. Todos os problemas dessa natureza presentes na linguística daquela época foram, muitas vezes, compreendidos não como especificamente linguísticos, mas como secundários ou "aplicados". O próprio MMB os chamava de "limítrofes". Apenas os traços semânticos muitas vezes dissimulados como resultado do procedimento, muito utilizado por MMB, de aceitar com ressalvas os postulados iniciais alheios levam à área dos conceitos universais linguísticos, ao próprio "coração" da linguística sistemática e, ao mesmo tempo, da filosofia da linguagem. O destino específico desse tema em termos da textologia e da terminologia exige estudos específicos adicionais para a reconstrução adequada da compreensão bakhtiniana dos conceitos linguísticos básicos. No momento atual, tudo o que foi dito a esse respeito pode ter apenas um significado hipotético.

O surgimento inesperado de um dos aspectos desse tema, que não costuma ser explícito dentro dos limites desse trabalho "facilitado" ao máximo, pelo visto, explica-se pelos objetivos internos do próprio artigo: pela necessidade de preparar o pano de fundo para uma percepção adequada da análise dos períodos compostos sem conjunções que seguirão adiante. Assim, na análise do primeiro exemplo "básico", MMB não coloca acentos valorativos hierárquicos, analisando tanto o período original quanto todas as suas modificações, inclusive a última, "unifocal", como meios igualmente adequados utilizados pelo falante para sublinhar ora um, ora outro aspecto de sua ideia (ou seja, MMB parece construir aqui um segundo andar dialógico, que conste na orientação para o ouvinte, sobre o conceito básico universal — ver menção a esse aspecto no fragmento do artigo marcado na nota 14). Já na análise dos períodos compostos sem conjunções, a situação é diferente: MMB avalia as transformações sintáticas que alcançam — no limite — a "unifocalidade", em um sentido meio negativo, como uma lógica seca e fria, oposta ao sentido vivo dos períodos multifocais (ver notas 25, 30 e 32). A lógica "fria" no contexto do presente artigo representa um sinônimo funcional do conceito bakhtiniano de "monologismo" que, em coordenadas retóricas criadas aqui, pode ser caracterizado como uma unifocalidade extrema da frase (dotada de um único horizonte), ou seja, como uma redução de alguns "protagonistas", cada um com sua própria "voz", a um único "protagonista" (foco de atenção) e, portanto, a uma única voz. MMB precisava talvez justamente disso (de uma explicação evidente para as causas do surgimento de duas ou várias vozes por meio da acentuação da presença na frase de um ou de vários "protagonistas") nesse caso. Bakhtin estabelece as relações dramáticas (correspondentes às dialógicas) de vários tipos e acentuadas adiante no artigo justamente entre esses "protagonistas", que em um período composto sem conjunções *sempre são mais de um*. As mesmas transformações sintáticas dos períodos compostos sem conjunções que, levadas ao extremo, tendem à unifocalidade, serão avaliadas por MMB em futuros trabalhos como as que reforçam o monologismo do enunciado (a sua "frieza" lógica).

Entretanto, é necessário considerar que esse último fato não possui um significado geral na concepção linguística bakhtiniana: segundo MMB, mesmo as construções formalmente unifocais podem ser dialogicamente multivocais por conta do contexto geral do enunciado (os versos de Púchkin em *Oniéguin* — "Tudo isso muitas vezes proporciona — um grande encanto à conversa" —, apesar de serem formalmente "unifocais", foram avaliados por Bakhtin, em "O discurso no romance", como os que enfatizam o acento paródico irônico da frase anterior, sendo, portanto, bivocais). A questão é que, ao concentrar sua atenção sobre uma explicação metodologicamente orientada às possíveis fontes das várias vozes em uma frase (à presença de vários "protagonistas"), Bakhtin, no presente artigo, abstrai todas as outras formas mais complexas da dialogicidade que têm origem fora da semântica propriamente linguística das unidades da língua utilizadas na frase (no contexto circundante, na fala pré-encontrada e antecipada, na orientação para a "opinião geral" e assim por diante). MMB continua a fundamentar sua análise posterior dos períodos compostos sem conjunções no contexto da obra da qual estes exemplos foram retirados, entretanto o papel do contexto consistirá apenas em auxiliar o professor a explicar aos alunos as alterações semânticas que acompanham as transformações sintáticas. O presente artigo não visa, em absoluto, a linguagem da literatura: no final do artigo MMB chega à conclusão de que os períodos compostos sem conjunções dotados de potencial dialógico são um fenômeno bastante comum no discurso coloquial e escrito. Um complemento bastante característico para esse fato é a tese apresentada bem no começo do artigo de que a língua não é apenas um meio de comunicação, mas também um meio de representação (ver nota 9). Como se estivesse em contradição com essa ideia, propõe-se nos trabalhos dedicados exclusivamente à linguagem das obras literárias que a linguagem na literatura não é apenas um *meio* de representação, mas também o *objeto* de representação (sendo que a tridimensionalidade da língua, ausente neste artigo, é apresentada por Bakhtin não somente em "O discurso no romance", mas também no trabalho, igualmente fácil em termos estilísticos e terminológicos, "Iazik v khudójestvennoi literature" ["A linguagem na literatura de ficção"][4]). A compreensão da linguagem como meio de demonstração e não apenas de narração ajuda a fazer uma ponte puramente metodológica entre o objeto do discurso ("protagonista") e a possibilidade de ouvir na frase o discurso espelhado do próprio protagonista: apenas um "protagonista" representado e não simplesmente descrito de modo informativo é capaz de falar por conta própria.

Embora a análise do primeiro período "básico" realizada por MMB, em linhas gerais, possua paralelos óbvios com vários métodos analíticos conhecidos na linguística (por exemplo, com o método atual de análise sintática; não tem sentido tratar aqui do problema da prioridade), na análise bakhtiniana há ainda um aspecto adicional — dialógico — que geralmente escapa das outras abordagens analíticas conhecidas ou é simplesmente ignorado por elas de propósito.

---

[4] Trata-se de um manuscrito de Bakhtin não traduzido para o português e presente no tomo 5 das *Obras reunidas*, *op. cit.*, pp. 287-97. (N. da T.)

Na maioria dos casos, até mesmo naqueles métodos linguísticos de análise que colocam o problema do diálogo no centro de sua atenção, consideram apenas a relação entre o falante e o ouvinte, tal como ela foi compreendida na retórica tradicional. As diferenças entre esses métodos e a concepção de Bakhtin são fundamentais, uma vez que elas se originam nas divergências de compreensão dos postulados que costumam ser considerados a base da linguística. Até hoje a especificidade da ideia bakhtiniana dos postulados fundamentais dessa área não foi entendida com clareza, o que costuma muitas vezes levar a bakhtinística à mistura dos tipos de análise. Essa confusão ocorre quando a aplicação da metodologia monológica, segundo o ponto de vista de MMB, é considerada dialógica, além de ser acompanhada de referências constantes à obra de Bakhtin que hoje em dia já se tornaram padrão.

16. Recomendações semelhantes de evitar o uso frequente das conjunções aparecem também no livro de V. I. Tchernichióv, *Právilnost i tchistotá rússkoi riétchi* [*Correção e pureza da língua russa*], *op. cit.*, p. 639. O exemplo análogo da repetição frequente da palavra "que" e a análise crítica da reação dos professores a esse erro são examinados no artigo de Pechkóvski "Rol grammátiki pri obutchiéni stíliu" ["O papel da gramática no ensino do estilo"], em *Vopróssi metódiki*, p. 130), entretanto Pechkóvski propõe que o único modo correto de corrigir o erro é: "*encurte* um dos períodos subordinados (ou os dois) por meio do particípio (*idem*)".

17. Está dessa forma no manuscrito dos "escrivães"; no de Bakhtin, é possível ler como "guiar-se".

18. Aqui é ampliada a formulação mais cuidadosa apresentada acima: a necessidade de uma abordagem dialógica (utilizando os termos desse fragmento do artigo: da "visão estilística") já não se refere apenas a algumas formas sintáticas isoladas (ver fragmento destacado na nota 15), mas a toda a sintaxe do período composto. Considerando que a

análise bakhtiniana dos períodos compostos não pode ser feita sem estudar dialogicamente o período simples (veja a última transformação sintática de um período recém-analisado que resulta em um período simples), concluímos que a esfera de influência da abordagem dialógica é ampliada "silenciosamente" por MMB até a totalidade da sintaxe, ou seja, a abordagem dialógica obtém o status linguístico universal (ver também nota 19).

19. No manuscrito rascunhado (de MMB) há uma lista mais detalhada das questões de sintaxe que exigem, na opinião do autor, uma interpretação estilística obrigatória: "*Essa visão estilística é absolutamente obrigatória no estudo de todo o restante das expressões isoladas (e das suas substituições correspondentes), na explicação da questão sobre o lugar da oração subordinada (antes, depois ou dentro da oração principal), no estudo dos períodos compostos com várias orações subordinadas (o significado estilístico das formas de cossubordinação — orações subordinadas a uma só oração subordinante — e da subordinação sucessiva) e em uma série de outros casos*".

20. Ver "Sobre o texto de Bakhtin" geral a respeito da provável razão da escolha de MMB justamente pelo período composto sem conjunções como objeto da análise estilística do presente artigo. Dos trabalhos de Potebniá, Chákhmatov e Pechkóvski mencionados, o mais provável é que MMB tivesse em mente os seguintes livros: A. A. Potebniá, *Iz zapíssok po rússkoi grammátike* [*Algumas notas sobre a gramática russa*], IV, Moscou-Leningrado, 1941, pp. 110-6; 2ª ed.: Moscou, 1977, pp. 132-40; A. A. Chákhmatov, *Síntaksis rússkogo iaziká* [*Sintaxe da língua russa*], Leningrado, 1941; A. M. Pechkóvski, *Vopróssi metódiki rodnógo iaziká, lingvístiki i stilístiki* [*Questões de metodologia de língua materna, linguística e estilística*], Moscou-Leningrado, 1930, pp. 95-108, 133-61, 154-8; *Rússki síntaksis v naútchnom osvechéni* [*A sintaxe russa sob uma luz científica*], Moscou, 1914 (1ª

ed.), Moscou, 1956 (7ª ed.). De um ponto de vista formal, o mais próximo da compreensão bakhtiniana da natureza dos períodos compostos sem conjunções é o tratado de V. V. Vinográdov não mencionado aqui, que aborda os problemas dos períodos compostos sem conjunções relacionando-os à análise das funções estilísticas das formas do tempo verbal (V. V. Vinográdov, "Stíl 'Píkovoi dami'" ["O estilo de 'A dama de espadas'"] em *Ízbrannie trudí. O iaziké khudójestvennoi prózi* [*Obras selecionadas. Sobre a linguagem da prosa artística*], Moscou, 1980, pp. 232-3). Entretanto, a interpretação de Vinográdov dos períodos sem conjunções (em conformidade total com o caráter "monológico" de sua concepção geral da língua) é oposta à bakhtiniana em termos de conteúdo: Vinográdov não vê nas construções sem conjunções relações dialógicas entre duas "vozes", mas "mudanças de sujeitos nas esferas da narrativa" nos limites de uma consciência monológica, isto é, a alternância de planos variados em uma mesma consciência (autoral).

É preciso atentar ao fato de que o termo "período composto por subordinação sem conjunção", utilizado por Bakhtin no presente artigo, está atualmente fora de uso. Naquele tempo esse termo era utilizado na prática escolar para referir-se ao tratamento predominante da falta de conjunções em períodos compostos por coordenação e por subordinação com omissões de conjunções coordenativas e subordinativas (A. A. Potebniá, A. A. Pechkóvski, A. A. Chákhmatov, L. V. Schierba). A partir dos anos 1950, os períodos sem conjunções passaram a ser vistos como um tipo semântico-estrutural autônomo do período composto (N. S. Pospiélov, V. V. Vinográdov) e foi eliminada a divisão dos períodos compostos sem conjunções em coordenados e subordinados (ver N. S. Pospiélov, "O grammatítcheskoi priróde i príntsipakh klassifikátsi bessoiúznikh slójnikh predlojéni" ["Sobre a natureza gramatical e os princípios de classificação do períodos compostos sem conjunções"], em *Vopróssi síntaksissa sovre-*

miénnogo rússkogo iaziká [*Questões de sintaxe da língua russa contemporânea*], Moscou, 1950, pp. 338-54). No ensino escolar, essa mudança de orientação no estudo dos períodos sem conjunções e a substituição terminológica consequente ocorreu nos "Programas de língua russa e de literatura nos anos 1954/1955", isto é, depois que Bakhtin escreveu o presente artigo.

21. Adiante no manuscrito de Bakhtin aparece uma nova seção marcada com o algarismo romano II; na variante de "escrivão", a divisão de seções é marcada com um espaço maior.

22. Nesse lugar, no manuscrito rascunhado, ocorre o seguinte acréscimo: "Em geral nos textos escritos pelos alunos é muito raro o uso de dois pontos e de travessão. Eles os usam quase sempre apenas no período simples em que há uma palavra generalizante seguida de uma enumeração (o travessão aparece ainda quando há omissão do verbo).[5] Os alunos não sabem usar as construções complexas em que esses sinais são necessários [?]".

23. MMB traz exemplos das seguintes obras: o primeiro é de A. S. Púchkin, "19 de outubro"; o segundo é de A. S. Púchkin, *Ievguêni Oniéguin* (cap. 5, XVIII); o terceiro é de N. V. Gógol, *Almas mortas* (v. I, cap. 11).

Inicialmente, como é possível ver a partir do rascunho, MMB planejava utilizar no artigo uma quantidade maior de orações: 1) *Estou triste: o amigo comigo não está*; 2) *Ele começa a rir — todos gargalham/ Ele franze a sobrancelha — todos se calam*; 3) *Acordei — cinco estações tinham ficado para trás*; 4) *Eu fico muito cansado: tenho trabalhado demais*. Entretanto, o plano inicial foi alterado já no processo

---

[5] Esse recurso não existe na língua portuguesa, diferentemente da língua russa, em que há a possibilidade de substituição do verbo por travessão. (N. da T.)

de preparação da versão rascunhada: para caracterizar os tipos de construções sem conjunções, Bakhtin escolheu os primeiros três exemplos que se referem à literatura de ficção (foi eliminado apenas o segundo período do segundo exemplo). Na segunda versão, o quarto exemplo, riscado no rascunho com uma linha ondulada, foi transferido de modo um pouco alterado para outra parte do artigo, a fim de ilustrar o papel dos períodos sem conjunções na linguagem coloquial. Sobre o sinal de pontuação no terceiro período, ver nota 31.

24. Compare-se a também severa observação crítica a Pechkóvski em relação ao seu "experimento" de substituição "mecânica" e "sem mudanças estilísticas correspondentes" do discurso direto pelo indireto. Esse tipo de experimento é avaliado como "temos um método pedagogicamente ruim e inadmissível, característico de exercícios escolares de gramática", que não possui nada em comum com "a vida real dos modelos na língua".[6]

25. É necessário considerar que, ao caracterizar de modo tão "negativo" as conjunções subordinativas, Bakhtin segue o objetivo predominante no presente artigo, estreitando de propósito a área das relações dialógicas (ver nota 15). Já no contexto "não estreitado" da concepção linguística bakhtiniana, as conjunções subordinativas adquirem outra característica: elas são dotadas da capacidade (negada no presente artigo) de refletir a construção bivocal dos períodos dos quais elas fazem parte (ver em particular a descrição bakhtiniana de um dos tipos do "discurso alheio oculto": "a motivação pseudo-objetiva" que se baseia justamente no uso dialógico das conjunções subordinativas e expressões conjuntivas em "O discurso no romance").

---

[6] Valentin Volóchinov (Círculo de Bakhtin), *Marxismo e filosofia da linguagem*, tradução de Sheila Grillo e Ekaterina Vólkova Américo, 2ª ed., São Paulo, Editora 34, 2018, p. 268. (N. da T.)

26. Nos limites do tema metodológico estreito abordado e dentro da terminologia emprestada (semialheia) utilizada aqui ("a dramaticidade emocional" no lugar de "relações dialógicas", "lógica fria" ao invés de monologismo e assim por diante), a análise bakhtiniana desse exemplo ("Triste estou: o amigo comigo não está") é totalmente autossuficiente. Entretanto, se considerarmos essa análise no contexto da concepção linguística bakhtiniana ampla é necessário talvez destacar a particularidade semântica dos processos dialógicos subentendidos por MMB aqui. Assim, as construções sintáticas transformadas, isto é, os períodos compostos por subordinação com orações adverbiais causais ("Triste estou, porque [uma vez que] o amigo não está comigo.") também possuem, conforme a concepção geral de Bakhtin, nuances dialógicas inquestionáveis relacionadas à orientação ao contexto de percepção do ouvinte de grande parcela das orações desse tipo estrutural (para mais detalhes sobre a compreensão bakhtiniana das relações dialógicas relacionadas com o contexto de percepção do destinatário e designadas como "alteração dos pontos de vista", ver L. A. Gogotichvíli "Filosofia da linguagem em M. M. Bakhtin...", *op. cit.*, pp. 153-8). Entretanto, MMB enfoca uma circunstância inversa no presente artigo: o fato de que essas construções transformadas enfraquecem até o limite o dialogismo saturado do período inicial, aproximando-o de um enunciado monológico (a "lógica" fria, manifesta e colocada em primeiro plano). Não se trata de uma "contradição", mas de um método lógico e retórico de "prova pela contradição" muito utilizado por MMB com o propósito de explicar a natureza universal das relações dialógicas, fazendo uso de uma linguagem estranha a ele, mas característica da linguística soviética, que se opunha a essa inovação: apenas um processo que existe pode ser enfraquecido.

A particularidade do presente artigo, mencionada na nota 15 (a ilustração das relações dialógicas no período por meio da fixação nele de alguns focos de atenção ou "protagonistas") expressou-se aqui no fato de que a construção claramente bifocal da frase inicial de Púchkin, correspondente às duas partes desse período composto, tenha sido alterada, nas construções transformadas, para a sua forma reduzida ("quase" unifocal). Na construção transformada ("Eu estou triste, porque o amigo não está comigo"), o horizonte do "eu", um dos focos (horizontes) formalmente presentes aqui, é expresso com maior ênfase. Já "amigo" perde efetivamente aqui o status de "protagonista" autônomo: no plano semântico, mesmo a parte predicativa da oração subordinada ("não está") se refere (isto é, é predicado) não apenas ao "amigo" mas também ao "eu"; o importante não é o fato de que "o amigo não está", mas que o amigo não está "comigo" (aqui abstraímos as sutilezas das explicações lógico-gramaticais presentes na linguística dos diferentes tipos de predicação). Já a redução do papel semântico do segundo "protagonista" (amigo), e, por conseguinte, o enfraquecimento da sua voz potencial, resulta, por sua vez, no enfraquecimento da dramaticidade (dialogicidade) do período.

Penso ser necessário comentar separadamente o problema da entonação. Nos trabalhos do ciclo de Volóchinov, a transição da entonação para o "registro mudo" estava relacionada com o *aumento* da dialogicidade (uma vez que seria impossível, sem perdas, dar entonação em voz alta à confluência-interferência de várias vozes em uma construção linguística, única do ponto de vista formal). Já no presente artigo, pelo contrário, trata-se a entonação como um meio mais conveniente para revelar o dramatismo (a dialogicidade) da frase. Entretanto, mesmo aqui não há contradição: além das vantagens óbvias do uso da entonação (e dos gestos) para explicar a essência do assunto aos alunos do 7º ano, é necessário considerar também a particularidade semântica do presente artigo mencionada acima, isto é, o fato de que Bakhtin abstrai completamente aquelas relações dialógicas que são trazidas para o enunciado de *fora* (ver nota 15), enquanto justamente esses tipos de relações dialógicas "trazidas de fora" são mais difíceis de serem entoados. Nesse caso, a análise de Bakhtin encontra-se efetivamente fora do contexto puchkiniano; ele concentra sua atenção somente nas potencialidades dialógicas da construção sintática em questão, por isso todos os aspectos dialógicos que vêm de fora, inclusive os do contexto — que imediatamente viriam à tona se o objetivo da presente análise fosse a obra poética em sua totalidade (assim como acontece em outros trabalhos de Bakhtin) — são eliminados sem causar problema.

27. Nas folhas separadas colocadas dentro do manuscrito rascunhado por Bakhtin aparece a seguinte comparação entre o primeiro e o segundo períodos do ponto de vista das divergências em sua estrutura entonacional: "Como consequência do rebaixamento de voz para o eu ('Triste estou eu'), surge a expressividade emocional. Em 'Ele ri', pelo contrário, há uma elevação que contribui com a energia e a dinamicidade". A análise comparativa das modulações entonacionais de todos os três exemplos, bem como a sua interpretação semântica, não foram abordados no texto do artigo.

28. Na versão rascunhada, essa frase aparece da seguinte forma: "Assim o acontecimento da fala reproduz de modo dramático aquele acontecimento real narrado por essa fala".

29. A respeito da divergência principal entre uma simples *comunicação* do acontecimento e uma *mostra-apresentação* do acontecimento, ou seja, sua representação em uma imagem artística em relação à categoria bakhtiniana do cronotopo, ver "As formas do tempo e do cronotopo no romance (um ensaio de poética histórica)".[7]

---

[7] Texto traduzido para o português em Mikhail Bakhtin, *Teoria do romance II: As formas do tempo e do cronotopo*, tradução de Paulo Bezerra, São Paulo, Editora 34, 2018. (N. da T.)

30. Na versão rascunhada, a frase tem uma continuação: "(assim como no primeiro exemplo perdemos a emotividade)".

A análise bakhtiniana do segundo exemplo de período composto sem conjunção ("Ele começa a rir — todos gargalham") ilustra, com o máximo de clareza possível, o eixo semântico predominante do presente artigo: a universalidade da relação entre a estratificação do "objeto" (temática) e da "voz" (dialógica) nas frases. O primeiro exemplo ("Triste estou: o amigo comigo não está") seria uma espécie de ilustração simplificada dessa ideia, uma vez que nesse caso não é o "protagonista" direto (tema) do período e sim o ouvinte que representa a fonte da possibilidade da segunda "voz" no enunciado (tal interpretação "estreita" da dialogicidade não é convincente e compreensível para os estudantes, mas está fixada nas correntes tradicionais da linguística nacional). Ao contrário, o terceiro exemplo analisado ("Acordei: cinco estações tinham ficado para trás") é uma ilustração complexa do sentido dominante do artigo (MMB fixa aí o processo de transformação dos elementos temáticos de segundo grau da frase em "focos de atenção" independentes, quase em protagonistas, isto é, interpreta a transformação do período unifocal em bifocal como uma condição formal do fortalecimento da dialogicidade — ver nota 15). Na análise desse — segundo — exemplo, todas as ênfases teóricas subentendidas no artigo são reveladas até quase a evidência física: justamente aqui torna-se extremamente clara a contraposição da representação (demonstração) e da simples narração; os dois "protagonistas" do período inicial ("ele" e "todos") não são aqui apenas personificados (no terceiro exemplo, o segundo "protagonista" é um objeto inanimado), mas são sujeitos diretos da ação (no primeiro exemplo, o "segundo" protagonista — o "amigo" — não é um sujeito ativo, mas passivo, quase transformado em um objeto). Há mais: as ações apresentadas de ambos os "protagonistas" estão muito próximas da ação verbal direta, fato expresso nos assim chamados verbos de discurso ou de pensamento ("rir", "gargalhar"), sendo que essas ações discursivas dos "protagonistas" não estão isoladas, mas ligadas de modo dramático, ou seja, dialógico (não é por acaso que MMB utiliza o verbo "responde" na descrição da relação entre o primeiro período simples e o segundo). Desse modo, a dramaticidade dinâmica detectada por MMB é uma precursora longínqua e facilitada da *polifonia*: no exemplo analisado, as relações dialógicas são estabelecidas entre duas "vozes" independentes e "alheias" para o autor. Falta dar apenas um passo, porém decisivo, até a polifonia "verdadeira": o protagonista não só deve ser representado como o sujeito da ação de discurso e de pensamento, mas também deve começar a falar por ele mesmo, adquirindo o direito a sua própria fonte de sentido dentro da posição semântica geral do enunciado elaborada pelo autor. (Na classificação detalhada mencionada acima dos tipos de relações dialógicas, de acordo com MMB as relações apresentadas no segundo exemplo entre as vozes reduzidas dos "protagonistas" podem ser tratadas como uma espécie de "alternância dos centros discursivos" — ver L. A. Gogotichvíli, *op. cit.*, pp. 149-53).

Na análise bakhtiniana desse exemplo manifestou-se também a ideia específica do presente texto, destacada na nota 15, sobre a presença da interligação entre a quantidade dos "protagonistas" e o caráter da frase (monológico ou dialógico). Na transformação sintática da construção, reconhecida no artigo como a mais feliz ("Basta ele rir que todos começam a gargalhar servilmente"), o primeiro "protagonista" da frase inicial ("ele") é reduzido, de fato, até uma condição objetual com a qual é realizada a ação do segundo "protagonista" ("todos") que se transforma portanto no foco central de toda a frase (na sintaxe, isso é alcançado em particular por meio da transformação do primeiro "protagonista" em um caso oblíquo — em russo corresponde ao dativo do pronome "ele"). Desse modo, aqui também, de acordo com a ideia dominante do artigo, a redução da construção bifocal a unifocal faz com que a frase se torne mais "lógica", ou seja, aumenta o seu caráter monológico. Pelo visto, é necessário destacar em especial o fato de que Bakhtin evita no presente artigo dar os nomes formalmente gramaticais para os tipos de ligações pressupostas entre os períodos simples nas formas iniciais dos períodos compostos sem conjunções analisados por ele: ao estudar o segundo exemplo, Bakhtin apenas menciona que o tipo de ligação lógica presente aqui difere do primeiro, entretanto também na análise deste último a subordinação "*causal*", que liga os períodos simples, tampouco é nomeada por MMB. As primeiras variantes da transformação do segundo exemplo, desconsideradas posteriormente ("Quando ele começava a rir, todos gargalhavam" e outros), colocavam em primeiro plano uma espécie de correlação "temporal" entre os períodos simples que, é claro, de modo algum correspondia ao sentido da frase inicial e que tampouco foi nomeada de modo direto ou indireto por Bakhtin. Ao ignorar todas as definições formalmente gramaticais dos tipos de ligação lógica, MMB conduz os alunos (e também os leitores) à conclusão principal para ele de que nenhum tipo de relação lógica é capaz *por princípio* de transmitir toda a composição semântica das relações dialógicas iniciais. Essa conclusão é reforçada pela ideia de que as relações dialógicas iniciais tampouco podem ser transmitidas por meio do enriquecimento lexical das construções transformadas, por mais amplo que ele seja. Em sua perspectiva teórica, a combinação dessas ideias leva ao núcleo da concepção linguística bakthiniana: a teoria da fala indireta.[8]

---

[8] O conceito de "fala indireta" (*nepriamóie govoriénie*) foi desenvolvido por Liudmila Gogotichvíli em seu livro homônimo *Nepriamóie govoriénie*, Moscou, Iazikí Slaviánskikh Kultur, 2006. (N. da T.)

31. No manuscrito dos "escrivães", e, portanto, na presente publicação, nesse exemplo aparece um outro sinal, o de dois pontos. Os dois pontos ocorrem ainda em todas as edições recentes de *Almas mortas* de Gógol (inclusive nas publicações dos anos 1930). Entretanto, nas anotações rascunhadas do próprio MMB referentes ao artigo, inclusive no plano da aula aberta sobre a língua russa (ver "Sobre o texto de Bakhtin"), aparece um travessão nessa frase. Se a divergência no sinal gráfico entre o texto de Bakhtin e o manuscrito dos "escrivães" pode ser explicada como um erro ocasional do "escrivão", bem como pelo fato de que MMB não tenha ele mesmo lido esse manuscrito, a razão da falta de correspondência entre a versão bakhtiniana e o sinal das edições oficiais de Gógol encontra-se provavelmente no fato de que, como mostra a prática de pontuação, o travessão e os dois pontos são, na maioria dos casos, sinais de "livre escolha do autor", ou seja, não existe uma regra unívoca para seu uso. MMB pode ter dado esse exemplo "de memória", o que explicaria a sua liberdade no uso da pontuação (seria interessante notar que na língua russa moderna existe uma tendência à ampliação do uso do travessão; ver A. B. Chapiro, *Sovremiénni rússki iazik. Punktuátsia* [*A língua russa moderna. Pontuação*], Moscou, 1974). Se a colocação de dois pontos nessa frase corresponde mais às regras de pontuação que tendem à regulamentação rigorosa e que, ao basearem-se na análise lógico-sintática das relações temporais e explicativas entre as partes desse tipo de frase, ordenam usar justamente esse sinal para sua marcação (enquanto Bakhtin evita em geral nesse artigo o uso de qualquer terminologia dos tipos de ligação lógica entre os períodos simples; ver nota 30), a colocação do travessão por Bakhtin pode possuir um motivo dialógico: o sinal parece "afastar" a segunda parte do período da primeira, criando, entre os focos de atenção ("protagonistas"), um espaço "inocupado" que corresponde visualmente à pausa, ou seja, representa a distância necessária para o estabele-

cimento das relações dialógicas entre os protagonistas (mais detalhes ver nota 32).

Chama a atenção o fato de que, nas edições das obras de Gógol anteriores à revolução, ocorre o travessão na frase analisada aqui, assim como em Bakhtin (ver, por exemplo: N. V. Gógol, *Sotchiniénia N. V. Gógolia* [*Obra de N. V. Gógol*], edição 15, São Petersburgo, 1900, v. 5, p. 222).

32. Embora no contexto das análises estilísticas comuns, baseadas na compreensão tradicional dos tropos, a terceira frase — "Acordei: cinco estações tinham ficado para trás" — possa ser interpretada como um exemplo mais simples e evidente (e é justamente assim que ela *parece ser* avaliada no presente artigo), entretanto, do ponto de vista da especificidade da estilística dialógica bakhtiniana, essa frase, ao contrário, pode ser atribuída aos casos veladamente complexos. Essa circunstância está ligada ao fato de que aqui MMB, mais uma vez, aproxima-se — claro, sem o declarar abertamente — do problema das universalidades linguísticas básicas (ver nota 15). Nesse caso, MMB parece problematizar, de passagem, a teoria tradicional dos tropos (em particular, das metáforas) que se encontra no cerne do tipo de pensamento linguístico questionado por ele. Se, ao revelar o fundo dialógico da análise bakhtiniana desse exemplo, verifica-se que na frase de Gógol a metáfora de modo algum desempenha aquele papel que é atribuído a ela na teoria tradicional dos tropos, trata-se, porém, de uma função sintática específica, relacionada diretamente ao dialogismo, a saber: a metáfora gogoliana demonstra o potencial dialógico ("bifocal") do acontecimento "unifocal". Visando a comodidade de caráter estritamente lógico das explicações dessa ideia, seria mais conveniente interpretar a análise bakhtiniana em uma perspectiva inversa: não partindo da frase inicial à transformada, mas da transformação ao exemplo inicial. Assim como anteriormente, na transformação reconhecida como a mais feliz ("Quando eu acordei, verificou-se que já passei cinco estações"),

encontra-se *um* "protagonista" no foco de atenção: "eu", sendo que Bakhtin conduz de propósito o raciocínio de modo que no final ocorra justamente uma transformação unifocal. É realizado ainda um último e especial procedimento sintático que parece ser iniciado pelo professor e apoiado pelos alunos: a transferência das palavras "cinco estações" do lugar sintático de sujeito para o de objeto priva decisivamente essas palavras do status de "protagonista" autônomo. Já na frase inicial de Gógol são *dois* "protagonistas" ("eu", oculto na forma verbal, e "cinco estações"), sendo justamente o caráter bifocal que oferece a possibilidade de uma leitura dramática da frase, o que garante a demonstração (representação) do acontecimento e não uma simples narração dele (como ocorre na construção transformada). É como se Bakhtin, de fato, revelasse o mecanismo do procedimento de transformação de uma frase unifocal em bifocal realizado pelo "mestre da palavra" (Gógol). Daí também a avaliação exagerada por parte de Bakhtin de um procedimento metafórico gogoliano, que pode ser chamado de "comum" (do ponto de vista da teoria tradicional dos tropos), como de um "gesto audacioso de Gógol". Com essa avaliação, MMB atenta para o fato de que os tropos, como parte da linguagem viva e rica em sentidos, não só são uma simples transferência do significado de acordo com a proximidade, semelhança, analogia, e assim por diante, ou seja, não é simplesmente um fenômeno da semântica lexical, mas também um *procedimento sintático* capaz inclusive de realizar funções diretamente dialógicas: transformar os elementos secundários da frase como estrutura sintática monológica em focos de atenção autônomos e em "protagonistas" independentes, capazes — no limite — de introduzir a sua "voz" no enunciado (não é por acaso que MMB define o procedimento de Gógol como "audacioso", quase uma "personificação"). O segundo "protagonista" que surgiu na frase de Gógol não pode falar, ele ainda é um "objeto", mas já é um "objeto" com o qual o primeiro "protagonista" da frase pode entrar em relações dialógicas, mesmo que sejam enfraquecidas (por exemplo, sentir em relação a ele uma emoção dialógica: a espera de uma surpresa). A universalidade linguística básica presente aqui pode ser formulada do seguinte modo: a bifocalidade é uma condição sintática formal para o surgimento das relações dialógicas (no entanto, lembraremos que o campo de ação dessa universalidade é limitado, uma vez que no presente artigo não se trata de todos os tipos de dialogismo, mas apenas de um tipo interior sintático de relações dialógicas não ligado ao contexto "amplo" e à situação externa, pois, se considerarmos os últimos fatores, de acordo com MMB, mesmo as construções unifocais podem ser dotadas de relações dialógicas — ver nota 15).

Em geral, essas análises linguísticas, aparentemente particulares e produzidas no contexto de um artigo de metodologia com conteúdo facilitado, tornam-se, de modo paradoxal, fonte das informações complementares para uma reconstrução mais adequada de um dos elos faltantes da filosofia bakhtiniana da linguagem como tal, ou seja, para a reconstrução da compreensão bakhtiniana das formas universais básicas da dialogicidade em toda a sintaxe, e portanto, do pensamento linguístico. Assim, embora a lei linguística básica analisada aqui tenha encontrado certa reflexão (ver L. A. Gogotchvíli, *op. cit.*) na classificação experimental dos tipos de relações dialógicas em Bakhtin (pelo fato de que, nos outros trabalhos de Bakhtin, esse aspecto do problema esteja presente de modo indireto), essa lei não foi destacada como um tipo independente na nossa classificação, distribuída de modo aproximado entre o "foco de atenção" e outros tipos de relações dialógicas.

33. Compare essa análise com as conclusões análogas sobre a eliminação, nas construções com discurso citado indireto, dos elementos "afetivo-emocionais" e "peculiares" caracterizadores da individualidade do falante que são dife-

rentes das construções com discurso citado direto (assim como no caso dos períodos compostos por subordinação quando comparados com os períodos sem conjunções) por seu caráter analítico e "lógico-objetual" em *Marxismo e filosofia da linguagem*. A aproximação esboçada aqui desses dois tipos de imagens — a *poética* (metáfora, hipérbole e assim por diante) e a *prosaica* bivocal (elementos coloquiais, populares, não literários, utilizados para a criação de uma narrativa "objetual" e com "colorido"), cuja diferença torna-se objeto principal de outros trabalhos ("O discurso no romance") — é realizada por MMB nesse caso com o objetivo de destacar a função desempenhada por elas na destruição da "unidade da linguagem univocal plana e limpa" e no enfraquecimento "do elemento monológico do discurso e do reforço do dialógico".[9]

34. *Hipotaxe* (do grego *hypo* — sob, embaixo, *taxis* — disposição) é o mesmo que subordinação, ou seja, é uma ligação sintática dotada de seu próprio sistema de meios de expressão para a organização de um período composto por subordinação. O *período* (do grego *períodos* — círculo) frequentemente é, pelo caráter de sua estrutura sintática, uma frase complexa com um número significativo de partes análogas e subordinadas em relação a uma ou várias orações principais.

35. Ver "Diálogo I"[10] sobre a tendência à eliminação das formas discursivas livrescas (monológicas) e ao fortalecimento das formas coloquiais (dialógicas) e, mais abrangente, sobre o papel do diálogo na história da linguagem literária. Compare ainda com a menção a Charles Bally em *Marxismo e filosofia da linguagem* no que diz respeito à inclina-

---

[9] Mikhail Bakhtin, "Diálogo I. A questão do discurso dialógico", em *Os gêneros do discurso*, tradução de Paulo Bezerra, São Paulo, Editora 34, 2016, p. 114. (N. da T.)

[10] *Idem*, pp. 113-24. (N. da T.)

Notas da edição russa

ção, destacada por ele, de substituir a hipotaxe pela parataxe.[11] Apesar de coincidir em aspectos específicos, a posição bakhtiniana sobre essa questão é, no domínio das conclusões teóricas, diametralmente oposta à de Vinográdov no que tange à constituição da linguagem literária russa. Mais precisamente, isso acontece em relação ao signo axiológico que avalia o significado da fala coloquial nesse processo: enquanto Bakhtin o considera como unicamente positivo, Vinográdov tende a concebê-lo de modo negativo.

36. No manuscrito rascunhado aparece a composição dessas formas de conjunção: "antes das formas de conjunção correspondentes (de causa, de tempo e de condição)". Sobre as possíveis razões para a eliminação dessa frase, ver nota 30.

37. No manuscrito rascunhado essa frase possui uma continuação: "(embora isso não possa ser qualificado como um erro estilístico)".

38. No manuscrito rascunhado de Bakhtin, inicia-se, a seguir, o próximo subcapítulo marcado com o algarismo romano III.

39. No manuscrito rascunhado, está escrito em cima dessa frase: "ou seja, relato do relato".

40. Nas folhas avulsas inseridas no manuscrito rascunhado, há um fragmento que não fez parte do texto do artigo: "Em busca da correção formal (estritamente gramatical), é esquecida a tarefa de educar a individualidade discursiva dos alunos. Os professores temem a audácia discursiva dos seus estudantes e às vezes simplesmente recomendam que não abandonem os lugares-comuns linguísticos 'para não cometer erros'".

41. No manuscrito rascunhado há um acréscimo: "Durante a revisão do conteúdo da 5ª e 6ª séries, também é necessário analisar as formas gramaticais mais complexas à luz

---

[11] Valentin Volóchinov (Círculo de Bakhtin), *Marxismo e filosofia da linguagem*, *op. cit.*, pp. 263-5. (N. da T.)

da estilística (aspectos do verbo, particípios e gerúndios)". O fato de Bakhtin mencionar, de passagem no presente artigo (ver também o início do artigo de Bakhtin), a abordagem estilística (que em suas coordenadas significa "dialógica") das formas gramaticais como uma tarefa subentendida testemunha indiretamente que ele pretendia realizar uma revisão dialógica não só das formas sintáticas, mas de toda a gramática (ver "Sobre o texto de Bakhtin" e notas 15, 18, 32).

42. Na terceira parte do artigo surge de modo metodologicamente simplificado um dos problemas centrais do texto "O discurso no romance": o problema da "constituição ideológica do homem".

43. Na versão rascunhada está escrito "em outra língua". Cf. o desenvolvimento mais detalhado e teórico desse tema em "O discurso no romance".

44. No manuscrito rascunhado aparece outra versão para a frase: "a riqueza e a complexidade da realidade que está se formando".

Bakhtin, Vinográdov e a estilística

Sheila Grillo e Ekaterina Vólkova Américo

"O texto para professores?"

Serguei Botcharov

Janeiro de 2012. Estamos em pleno inverno russo e faz 18° negativos em Moscou. Após a intermediação de Andrei Fiódorovitch Kofman, conhecido teórico da literatura russo, artista e pesquisador do Instituto Górki, estamos a caminho do apartamento do renomado estudioso da literatura e pesquisador aposentado também do Instituto Górki, Serguei Gueórguevitch Botcharov, no norte da cidade. Ele é quase uma lenda viva. Foi ele que, juntamente com Kójinov e Gátchev,[1] descobriu Bakhtin em Saransk no início dos anos 1960, trouxe-o para Moscou, reeditou suas obras e tornou-se seu auxiliar e amigo. Botcharov é o detentor dos direitos de

---

[1] Tomamos contato com esses fatos históricos pela primeira vez na conhecida biografia escrita por Clark e Holquist: "Julgando que Bakhtin estivesse morto, Kójinov começou a empenhar-se para levar ao prelo os livros do crítico. Em 1960, junto com dois outros alunos de pós-graduação, Serguei Gueórguevitch Botcharov e Gueórgui Dmítrievitch Gátchev, Kójinov escreveu ao diretor do instituto recomendando a reedição da obra sobre Dostoiévski. [...] Neste ínterim, Kójinov descobriu que Bakhtin ainda vivia e entrou em correspondência com ele. Em 6 de junho de 1961, recebeu uma carta da esposa de Bakhtin que o instava a vir visitá-los, e pouco depois os três amigos, Kójinov, Botcharov e Gátchev, partiram de trem para ver o seu ídolo em Saransk". Katerina Clark e Michael Holquist, *Mikhail Bakhtin*, tradução de J. Guinsburg, São Paulo, Perspectiva, 1998, pp. 346-7 (a grafia dos nomes na citação foi padronizada por nós).

reedição das obras bakhtinianas e o principal mentor, organizador e realizador das *Obras reunidas de M. M. Bakhtin* que foram finalizadas em 2012.[2] O último apartamento de Bakhtin em Moscou fica a poucos metros do de Botcharov.

Quando chegamos, um senhor alto, magro e idoso nos recebe em um escritório repleto de livros. Ao solicitarmos a sua autorização formal para traduzirmos o texto "Questões de estilística nas aulas de língua russa no ensino médio", ele responde em aparente tom de espanto: "O texto para professores?" (*"Tekst dliá utchiteléi?"*)[3] — utilizando a palavra que designa profissionais da educação básica. Botcharov nos ouve atentamente quando relatamos que Bakhtin é uma referência importante em documentos oficiais da educação básica no Brasil, e prontamente nos autoriza por escrito a traduzirmos e publicarmos o texto no país, sem nada nos cobrar.

Após esse encontro, a caminho da estação de metrô, passamos em frente ao prédio onde Bakhtin morou. O frio é intenso. As mãos congelam mesmo dentro de luvas, mas há a euforia com o trabalho que temos pela frente.

Apesar do título original do texto ser "Questões de estilística nas aulas de língua russa no ensino médio", trata-se, na verdade, de uma metodologia de ensino de língua materna na educação básica que leva o estudante a refletir sobre os efeitos estilísticos dos recursos sintáticos. Nossa convicção e compreensão de que o tema abordado é relevante não apenas para o ensino de língua russa, mas também para qualquer língua materna, inclusive para o português, nos moveu a

---

[2] À época da redação do texto, Serguei Botcharov ainda era vivo. Ele veio a falecer em 2017 e os direitos autorais da obra de Bakhtin passaram para seus herdeiros.

[3] A língua portuguesa utiliza a palavra "professor" tanto para os profissionais da educação básica quanto para os do ensino superior. Em russo, assim como em francês, há duas palavras: *utchítel* para professores da escola e *prepodavátel* para professores universitários.

realizar a tradução do artigo no Brasil. O texto foi escrito nos anos 1940, conforme relatam os editores russos, mas as questões abordadas continuam atuais e modernas mesmo no contexto educacional contemporâneo. Consideramos, portanto, de extrema importância que o professor nos níveis fundamental e médio, bem como o pesquisador, tomem conhecimento da metodologia exposta no artigo, pois ela resultou da atuação de Bakhtin como professor na escola.

Durante a tradução, discutimos diversas vezes sobre um tema a ser aqui abordado que pudesse enriquecer a leitura do ensaio de Bakhtin. Concluímos que já no título a palavra "estilística" tem lugar de destaque. Essa escolha foi condicionada pelo papel fundamental que essa nova disciplina desempenhava no panorama de estudos literários e linguísticos na União Soviética da primeira metade do século XX e, ao que tudo indica, continua a desempenhar nos dias de hoje.

Antes de entrarmos na estilística da época em que Bakhtin elaborou seu trabalho, apresentaremos uma breve síntese da gênese dos estudos estilísticos na Rússia, com vistas a expor o contexto propiciador da metodologia proposta no artigo.

A estilística e o conceito de estilo na Rússia têm uma história e uma configuração particulares, apesar da influência constante da estilística europeia constatada pelas citações, entre outros, de Spitzer[4] e Bally em textos de Bakhtin, Medviédev e Volóchinov. Essa particularidade é facilmente cons-

---

[4] Leo Spitzer (1887-1960), nascido em Viena, foi professor na universidade de Marburg antes de se exilar em Istambul e, depois, nos Estados Unidos. Sua primeira obra é um trabalho sobre a invenção verbal em Rabelais. Expoente da estilística literária, desenvolveu uma estilística fundada na busca da característica inerente ao estilo de um escritor. Seu método consiste na identificação da repetição constante de um motivo (o amor impossível, por exemplo) ou de uma expressão original, para, em um segundo momento, deduzir um tema psicológico central que permita explicar detalhes não observados anteriormente.

tatada nos verbetes "estilística" e "estilo" do *Dicionário de termos linguísticos*:

> *Estilística*. Parte da linguística, cujas tarefas são: a) estudo dos diferentes estilos, incluindo os estilos individuais e de gêneros; b) estudo dos meios de avaliação expressivo-emocionais dos diferentes recursos linguísticos tanto no eixo paradigmático (isto é, no sistema de dada língua — "estilística da língua"), quanto no eixo sintagmático, isto é, do ponto de vista de seu emprego em diferentes esferas das relações discursivas ("estilística da fala") [...].
>
> *Estilo*. Um dos diversos modos de diferenciação da língua; subsistema linguístico com seu léxico peculiar, bem como com composições, usos e construções fraseológicas, distinguindo-se de outros modos por meio dos recursos expressivo-avaliativos de composição de seus elementos e normalmente ligado a determinadas esferas de uso do discurso [...].[5]

Como podemos constatar nesses verbetes, a estilística russa não se restringe à caracterização de autores e correntes literárias, mas abarca muitas das áreas pertencentes à sociolinguística e às análises de discurso contemporâneas. Apesar de Vinográdov e Bakhtin terem contribuído enormemente para essa concepção contemporânea da estilística russa, assim como muitas outras ciências, a estilística na Rússia começou no século XVIII com os estudos de Mikhail Lomonóssov (1711-1765), que escreveu o livro *Retórica* (1748), preparou a primeira *Gramática da língua russa* (1755) e criou a teoria

---

[5] Olga Akhmánova, *Slovar lingvistítcheskikh tiérminov* [*Dicionário de termos linguísticos*], Moscou, Knijni Dom Librokom, 2010, pp. 454-5.

dos três estilos exposta em seu *Prefácio sobre a utilidade de livros religiosos na língua russa* [*Predislóvie o polze knig tserkóvnikh v rossískom iaziké*] de 1758: estilo *elevado*, composto principalmente por palavras rebuscadas vindas do eslavo antigo, muitas delas pouco compreensíveis para o leitor da época, e usado em poemas heroicos, odes, tragédias e discursos em prosa sobre temas elevados; *médio*, representado pela linguagem mais usual, podendo ser utilizado para criar obras teatrais, cartas em versos, sátiras e outros textos poéticos menos elevados; e, por fim, o estilo *baixo*, que empregava a linguagem cotidiana e às vezes popular para escrever comédias, epigramas, fábulas, canções e cartas comuns. Como podemos observar, na concepção de Lomonóssov, o estilo de uma obra literária estava estreitamente ligado ao seu gênero.

A gramática de Lomonóssov, bem como os seus ensinamentos, desempenharam um papel importantíssimo não apenas na formação da linguagem literária, como também na consolidação da própria literatura russa, cujo florescimento aconteceu no século seguinte, XIX, também chamado de Século de Ouro, e foi marcado pela obra de Aleksandr Púchkin, Nikolai Gógol, Ivan Turguêniev, Fiódor Dostoiévski, Lev Tolstói e Anton Tchekhov, entre tantos outros. No final do século XIX, quando a estilística começou a se formar enquanto ciência independente, destacam-se os estudos de Aleksandr Potebniá (1835-1891) e Aleksandr Vesselóvski (1838-1906), que desempenharam um papel basilar nesse processo. Se o primeiro estudava a correlação entre o pensamento e a linguagem[6] e os significados da palavra, o segundo analisava o desenvolvimento histórico dos gêneros literários, a correlação entre as literaturas de vários países e o fenômeno de empréstimos próprio desse processo. Essa teoria foi exposta em sua obra fundamental, apesar de inacabada: *Poética histó-*

---

[6] Aleksandr Potebniá, *Misl i iazik* [*O pensamento e a linguagem*], Moscou, Pravda, 1989.

rica.[7] Ambos os estudiosos prepararam o terreno para a formação dos estudos linguísticos, literários e estilísticos no século seguinte.

No começo do século XX, em 1911, surgiu o livro de Vassíli Tchernichióv (1867-1949) *Correção e pureza da língua russa: estudo experimental de uma gramática estilística russa*,[8] em que o autor abordava o problema da variação das normas estilísticas e da própria língua russa, empregando como exemplos as obras de grandes escritores russos do século XIX, entre eles Ivan Turguêniev e Lev Tolstói. Vale observar que a editora do artigo de Bakhtin, Liudmila Gogotichvíli, aponta a proximidade entre a abordagem bakhtiniana e a tradição metodológica russa, representada, entre outros, por V. I. Tchernichióv.[9]

Nos anos que seguiram à Revolução de 1917, o governo soviético começou uma campanha pela "pureza da língua russa". Assim, em 3 de dezembro de 1924 Lênin publicou no principal jornal do país, *Pravda*, o artigo "Sobre a faxina da língua russa" ["Ob otchístke rússkogo iaziká"] em que criticava o "uso desnecessário de palavras estrangeiras". Esse apelo deu início a uma série de outros artigos publicados nos periódicos soviéticos nos anos 1920-30 em que era recriminado o uso de expressões populares, próprias da classe oprimida dos camponeses. Além disso, manifestava-se o desejo de uniformizar a linguagem do novo país, composto por várias repúblicas, muitas das quais possuíam suas próprias línguas. Como resultado desse processo, o idioma russo tornou-se a língua oficial do país e a sua ortografia foi simplifi-

---

[7] Aleksandr Vesselóvski, *Istorítcheskaia poétika* [*Poética histórica*], Moscou, Víschaia Chkola, 1989.

[8] Vassíli Tchernichióv, *Právilnost i tchistotá rússkoi riétchi: ópit rússkoi stilistítcheskoi grammátiki* [*Correção e pureza da língua russa: estudo de uma gramática estilística russa*], Moscou, LKI, 2010.

[9] Ver a nota 3 das "Notas à edição russa".

cada. Embora a propaganda oficial focasse os aspectos mais superficiais, a atenção às questões linguísticas favoreceu o desenvolvimento desses estudos, bem como da estilística. Foi nesse contexto que foram publicadas as obras do renomado estudioso da literatura e linguista Grigori Vinokur (1896-1947), entre as quais se destaca o livro *Cultura da linguagem* [*Kultura iaziká*], de 1925, que se concentrava no estudo aplicado da estilística.[10] Além disso, sob a influência da teoria marxista, Vinokur atribui as variações da linguagem às condições sociais e históricas. O desenvolvimento posterior da estilística seguiu rumo à delimitação de suas subáreas, dentre as quais se destacava a estilística literária. A perspectiva histórico-literária dos estilos foi continuada na obra de V. Jirmúnski, V. Tomachévski, L. Schierba, D. Rosental e V. Vinográdov, entre outros. Assim, um dos problemas mais discutidos nas décadas de 1950 a 1970 era o lugar da linguagem literária e poética na estilística.

Se, por um lado, a abordagem bakhtiniana é influenciada pelo contexto acadêmico da formação da estilística na Rússia e, depois, na União Soviética (como acabamos de descrever em linhas gerais), por outro, Bakhtin produz formulações próprias e originais. A fim de caracterizar a especificidade da estilística proposta por Bakhtin, traçaremos uma análise comparativa com a estilística de um dos mais importantes teóricos da literatura e linguistas soviéticos, Viktor Vinográdov (1894-1969).

Mas por que esse autor entre tantos outros? Vinográdov foi um interlocutor importante dos trabalhos de Bakhtin, que o citava de modo recorrente em textos como *Problemas da*

---

[10] Grigori Vinokur, *Kultura iaziká* [*Cultura da linguagem*], Moscou, Rabótnik Prosveschénia, 1925.

poética de Dostoiévski, "O discurso no romance" e "O texto na linguística, na filologia e em outras ciências humanas". Bakhtin, por sua vez, apesar de não ser explicitamente mencionado nos textos de Vinográdov por nós consultados, é, a nosso ver, uma referência teórica consciente e constante.[11] Liudmila Gogotichvíli, editora do texto aqui traduzido, afirma em suas notas que Vinográdov foi um "opositor constante de Bakhtin" e estabelece, em quatro passagens, paralelos entre os dois autores. Esses dados nos despertaram para a importância da recuperação do diálogo entre os dois teóricos na compreensão da especificidade da estilística bakhtiniana. Entretanto, Vinográdov produziu uma obra vasta que compreende domínios como a teoria da literatura, a gramática da língua russa, a linguística e a estilística. Diante da impossibilidade de abordarmos o conjunto da obra, estabelecemos a seguinte delimitação: selecionamos os textos de Vinográdov citados explicitamente por Bakhtin, bem como aquelas obras que a editora russa menciona em suas notas.

Ao analisar a novela *O duplo*, na primeira edição de *Problemas da obra de Dostoiévski* (1929), Bakhtin faz uma citação esclarecedora do artigo de Vinográdov "Stil peterbúrgskoi poemi *Dvoinik*" ["O estilo do poema petersburguense *O duplo*"], que é mantida na reedição de 1963, *Problemas da poética de Dostoiévski*:

> No artigo "O estilo do poema pertersburguense *O duplo*", V. Vinográdov nos oferece, de um ponto de vista inteiramente diferente, isto é, do

---

[11] O fato de Vinográdov não mencionar explicitamente a obra de Bakhtin se deve provavelmente à sua condição de exilado político a partir de 1929, o que implicava a condenação oficial de seus trabalhos e a "interdição" de citá-lo. Vinográdov era um teórico conhecido e muito influente no período soviético, enquanto a obra bakhtiniana permaneceu praticamente desconhecida do grande público até a década de 1960.

ponto de vista da estilística linguística, uma definição análoga à nossa da narração em *O duplo* [...]

Toda a análise efetuada por Vinográdov é sutil e fundamentada e suas conclusões são verdadeiras; ele, porém, permanece nos limites do método que adotou, e é precisamente nesses limites que não percebe o mais importante e essencial.

Parece-nos que Vinográdov não conseguiu discernir a originalidade real da sintaxe de *O duplo*, pois aqui a estrutura sintática é determinada não pelo *skaz*[12] em si mesmo e nem pelo dialeto falado pelos funcionários ou pela terminologia de repartição pública de caráter oficial, mas, acima de tudo, pelo choque e a dissonância de diferentes acentos nos limites de um todo sintático, ou seja, é determinada precisamente pelo fato de que esse todo, sendo um só, acomoda em si os acentos de duas vozes. Além disso, não foi entendida nem indicada a *orientação dialógica* da narração voltada para Goliádkin, que se manifesta em traços externos muito patentes, como, por exemplo, no fato de que a primeira frase do seu discurso é, a torto e a direito, uma réplica notória à frase antecedente da narração. Não se entende, por último, a relação fundamental da narração com o diálogo interior de Goliádkin: ora, a narração não reproduz, em hipótese nenhuma, o discurso de Goliádkin em geral, limitando-se a dar sequência imediata ao discurso da sua segunda voz.

---

[12] *Skaz* é um tipo de narrativa literária em que o narrador não coincide com o autor e sua fala é diferente da norma literária. O discurso do narrador de *skaz* reproduz a linguagem popular ou folclórica. A separação do *skaz* como uma categoria de análise literária é característica dos estudos russos e soviéticos.

Em geral, dentro dos limites da estilística linguística não se pode enfocar a função propriamente artística do estilo. Nenhuma definição linguístico-formal do discurso pode cobrir-lhe as funções artísticas na obra. Os autênticos fatores formadores do estilo ficam fora do campo de visão da estilística linguística.[13]

Primeiramente, pensamos que as descobertas bakhtinianas não desconsideram as análises de Vinográdov, ao contrário; a nosso ver, Bakhtin constrói sua abordagem teórico-metodológica em resposta a elas. Uma das principais contribuições de Vinográdov, segundo o próprio Bakhtin, é a descrição da relação próxima que o narrador estabelece com as personagens. Bakhtin admite que Vinográdov percebe algo essencial: o registro detalhado do movimento do protagonista pelo narrador. Em termos bakhtinianos, trata-se de uma narração sem perspectiva, pois o narrador vê o mesmo que o protagonista e não constrói uma imagem distanciada do personagem. Em segundo lugar, Bakhtin reconhece com muita clareza as diferenças entre o seu método e o de Vinográdov, ou seja, entre uma estilística metalinguística e uma estilística linguística. A estilística metalinguística de Bakhtin propõe que o essencial no estilo de Dostoiévski é a interseção de vozes sociais, de relações dialógicas entre narrador e personagens, a fusão das réplicas de um diálogo em uma única voz, a antecipação do discurso do outro e assim por diante.

Diferentemente, a abordagem de Vinográdov concentra-se na descrição dos procedimentos estilísticos de reflexão das variantes sócio-linguísticas e de construção da narrativa. Um dos objetivos principais de Vinográdov era separar a estilís-

---

[13] Mikhail Bakhtin, *Problemas da poética de Dostoiévski*, tradução de Paulo Bezerra, Rio de Janeiro, Forense Universitária, 5ª ed., 2010, pp. 258-9.

tica da poética e definir suas subáreas, como, por exemplo, a estilística da língua, a estilística do discurso e a estilística da literatura, como vemos no fragmento abaixo:

> A esfera de estudo da língua em geral e da linguagem literária em particular é muito extensa, pouco estudada e não demarcada claramente da linguística e, em uma visão mais ampla, das disciplinas filológicas. Na esfera que hoje é chamada de estilística seria necessário distinguir pelo menos três campos diferentes de pesquisa que se encontram em contato estreito, muitas vezes se cruzam e sempre se correlacionam, mas cada um dos quais possui seus problemas, suas tarefas, seus critérios e categorias. O primeiro deles é a estilística da língua como "sistema dos sistemas", ou a estilística estrutural; o segundo é a estilística do discurso, ou seja, dos diferentes tipos e atos de uso social da língua; e o terceiro seria a estilística da literatura. Justamente esse último aproxima-se da teoria e da história da linguagem poética e da poética em si. De qualquer modo, eles entram em um contato estreito e às vezes até interagem com a estilística da literatura.[14]

A *estilística da língua* ocupa-se das diferenças, inter-relações e interações dos grandes estilos de uma língua em conexão com as funções interativa, comunicativa e persuasiva da linguagem, a saber: cotidiano (função interativa), de negócios, científico, oficial, burocrático (função comunicati-

---

[14] Viktor Vinográdov, *Stilístika, teória poetítcheskoi rietchi, poétika* [*Estilística, teoria do discurso poético, poética*], Moscou, Izdátelstvo Akademi Naúk SSSR, 1963, p. 5.

va), publicitário e literário (função persuasiva). O estilo aqui são subsistemas formais, compostos por palavras e expressões dentro de um sistema linguístico como "sistemas do sistema". Vinográdov defende a necessária inter-relação entre a estilística literária e a estilística linguística, ao exemplificar que aquela utiliza de modo peculiar e elevado os recursos estilísticos da língua. Um exemplo esclarecedor relaciona-se à mudança na ordem de palavras e da entonação, o que provoca mudanças no sentido da frase:

> Dá pra mim pão.
> Dá pão pra mim.
> Pra mim, dá pão.
> Pra mim, pão dá.
> Pão dá pra mim.
> Pão pra mim dá.

Como o russo é uma língua declinada, observa-se maior liberdade na disposição das palavras. Em seguida, Vinográdov, com a ajuda da tradução para o francês, altera o acento entonacional e descreve as mudanças de sentido que essa alteração gera para um ouvinte russo:

> Dá pra mim pão. (*Donnez moi du pain.*)
> *Dá* pra mim pão. (*Donnez donc du pain.*)
> Pra mim *dá* pão. (*C'est à moi qu'il faut donner du pain.*)
> Pão pra mim dá. (*C'est du pain qu'il faut donner à moi.*)

Vinográdov conclui a respeito desses exemplos que os problemas da estilística sintática, isto é, as diferentes formas e tipos de construção, composição e união de frases simples são muito importantes para a avaliação e a compreensão das peculiaridades sintáticas do texto literário.

A *estilística do discurso* baseia-se na estilística da língua, uma vez que o sistema linguístico engendra o discurso e ao mesmo tempo adapta-se a ele. Primeiramente a estilística do discurso ocupa-se do emprego da língua tanto em discurso monológico quanto em discurso dialógico, bem como em diferentes sistemas composicionais. Vinográdov assim sintetiza os objetivos da estilística do discurso:

> A estilística do discurso deve incluir não somente o estudo das formas e tipos de discurso, dos estilos sócio-discursivos ou das tendências típicas da criação individual, mas sobretudo o estudo dos sistemas composicionais dos gêneros fundamentais ou dos diferentes aspectos construtivos do discurso coletivo.[15]

Portanto, Vinográdov concebe o objeto da estilística do discurso como uma inter-relação entre os gêneros do discurso (*retchevíe janri*)[16] e as formas de diálogo e de monólogo. O teórico russo relaciona os gêneros mais importantes a serem pesquisados, a saber: artigos de jornal, discurso político, apresentação em reuniões, discurso no tribunal, artigos de divulgação científica, aulas de disciplinas específicas, conversação cotidiana, cartas pessoais etc.

A *estilística literária* aborda o estilo literário individual do autor, os estilos dos gêneros literários em prosa e em poesia bem como os estilos das escolas literárias em sua evolução

---

[15] *Idem*, p. 33.

[16] Trata-se aqui da mesma designação utilizada por Bakhtin no texto "Os gêneros do discurso", de 1953-54. Além disso, Vinográdov explicitamente recusa-se a identificar "*rietch*" com a *parole* de Saussure: "A estilística do discurso baseia-se na estilística da língua. [...] Entretanto seria muito estreito, unilateral e até errado conceber o discurso (*rietch*) como a *parole* saussuriana". *Idem*, p. 14.

histórica. Entretanto, segundo Vinográdov, muitos dos fenômenos linguísticos que compõem o estilo literário não podem ser compreendidos e estudados cientificamente fora de sua relação com as estilísticas da língua e do discurso. O recursos verbais provindos da língua e do discurso adquirem novos empregos funcionais e novos sentidos quando inseridos em obras literárias, onde subordinam-se ao projeto estético-literário, às condições da composição estrutural e literária, e ao gênero literário. As análises estilísticas de Vinográdov privilegiam a adaptação literária de variantes sociais, regionais, profissionais, das modalidades (faladas e escritas) etc.

Além da delimitação dos três tipos de estilística, o autor estabelece uma distinção entre a estilística literária e a poética: a tarefa da estilística literária consistia na "revelação da natureza e da força estética das formas estruturais da literatura"[17] em conexão com o estilo de um escritor concreto, enquanto a "poética é uma ciência sobre a variedade das estruturas e dos gêneros literários que mudam ao longo da história".[18] As análises de Vinográdov conjugam o estudo dos estilos de alguns dos maiores escritores russos (entre eles Púchkin, Gógol, Dostoiévski) com a caracterização histórico-tipológica das correntes literárias nas quais esses autores estavam inseridos. Observemos as conclusões de Vinográdov sobre o estilo da novela *O duplo* de Dostoiévski, que ele denomina de "*skaz* narrativo":

> No *skaz* narrativo, predominam as imagens motoras e o seu procedimento estilístico fundamental: o registro dos movimentos, independentemente da sua repetição.

---

[17] Viktor Vinográdov, *Probliémi rússkoi stilístiki* [*Problemas da estilística russa*], Moscou, Víschaia Chkola, 1981, p. 166.

[18] *Idem*, p. 159.

Na construção "elevada" do *skaz* narrativo ocorrem as repetições tautológicas, às vezes acompanhadas de gradação, enquanto princípios formadores dos períodos com declamações patéticas.

No *skaz* narrativo são introduzidos, com o objetivo de obter efeitos cômicos, palavras e expressões do dialeto falado de funcionário público e fraseologia burocrática de caráter oficial. Graças a esse procedimento, obtém-se a aproximação entre os estilos narrativo e discursivo em *O duplo*.

Nas obras subsequentes de Dostoiévski, em forma de memórias, o estilo do memorialista possui claros vestígios da influência da linguagem burocrática.

No estilo narrativo de *O duplo* manifesta-se claramente a influência do estilo de Gógol, principalmente de *Almas mortas* e "O nariz", e menos de "Diário de um louco".

Em *O duplo*, o *skaz* narrativo às vezes se transfere para o discurso de Goliádkin. Consequentemente, o narrador funde-se com o próprio protagonista.

O "discurso sonorizado" de Goliádkin acompanha os movimentos de uma marionete.

A descrição dos procedimentos estilísticos de *O duplo* que esclarecem quais foram as formas do estilo, suas modulações e os efeitos obtidos fornecem a chave da arquitetura do "poema de Petersburgo".[19]

---

[19] Viktor Vinográdov, "Stil peterbúrgskoi poemi *Dvoinik*" ["O estilo do poema petersburguense *O duplo*"], em A. S. Dolinina (org.), *F. M. Dostoiévski. Statí i materiáli* [*F. M. Dostoiévski. Artigos e materiais*], São Petersburgo, Misl, 1922, pp. 248-9, tradução nossa.

As excelentes análises de *O duplo* feitas por Vinográdov orientam-se por uma estilística linguística, cujos princípios metodológicos expomos de modo sintético. Primeiramente, Vinográdov analisa *O duplo* como memória da vida passada da linguagem poética e procura esclarecer sua estrutura gramatical aparente, inserindo-a na tradição da literatura russa. Isso é empreendido por meio da aproximação com a novela "Diário de um louco", de Gógol, para mostrar que o tema da loucura tem uma tradição na literatura russa. A aproximação continua na comparação entre o *skaz* narrativo de *O duplo* e o de "O nariz" e *Almas mortas*, ambos de Nikolai Gógol, para mostrar que Dostoiévski apropria-se de expressões e estruturas sintáticas de Gógol, combinando diferentes procedimentos. Em seguida, Vinográdov faz uma descrição "anátomo-morfológica" exaustiva de diversos procedimentos estilísticos em *O duplo* de Dostoiévski: presença de perguntas retóricas, uso de diminutivo, ligações gramaticais do discurso cotidiano, efeitos cômicos decorrentes do encontro e do choque de diferentes formações lexicais (antíteses, oximoros, pleonasmos, hipérbole, ironia, repetições de frases e de partes de frases, repetição tautológica, períodos de declamação patética, palavras arcaicas, disposição inabitual de palavras, inversões de pronomes possessivos), presença de estilo falado coloquial e monótono no *skaz* narrativo de *O duplo*, uso do dialeto falado burocrático para caracterizar o modo de se expressar de Goliádkin — estilizado e parodiado na narração —, estilização do discurso da "pessoa pobre" (*biédni tchelo-viék*) como princípio da construção do discurso de Goliádkin (fala interjetiva ou entrecortada, presença de correções e esclarecimentos, palavras interjetivas sem ligações entre si, uso de reticências, tautologias, repetições de frases inteiras com entonações distintas, repetições de palavras).

Na análise de *O duplo*, Vinográdov e Bakhtin se encontram e se distanciam. Vinográdov opera uma análise estilística que observa a reflexão, a estilização e a paródia da linguagem da tradição literária (sobretudo de Gógol) e dos dialetos sociais no discurso do narrador e da personagem. Bakhtin, por sua vez, considera os resultados da pesquisa de Vinográdov dentro de uma metodologia metalinguística que observa como os estilos sociais representam avaliações sociais em diálogo, como o discurso da personagem é estruturado pelo diálogo interior, como o narrador e a personagem estabelecem relações dialógicas entre si. A distância na proximidade fica particularmente evidente ao notarmos que a estilização e a paródia são, por um lado, procedimentos estilísticos descritos por Vinográdov e, por outro, integram a classificação bakhtiniana dos tipos de discurso bivocal.

Passemos, agora, a uma análise comparativa do conceito de diálogo em Vinográdov e Bakhtin. Embora ele apareça em vários trabalhos de Vinográdov, basta citarmos algumas das suas definições para que fique clara sua diferença essencial em relação à concepção bakhtiniana. Assim, em um dos textos, Vinográdov afirma:

> A prosa literária representa uma fala monológica entrecortada por diálogos, sendo, portanto, uma complexa variedade tipológica das construções monológicas e de suas formas mistas.[20]

Ainda no mesmo texto, lemos:

> Da mesma forma, são diversas e complexas as questões relacionadas com outro tipo de discurso presente na estrutura de diferentes obras literárias:

---

[20] Viktor Vinográdov, "O teóri literatúrnikh stílei" ["Sobre a teoria dos estilos literários"], em *Ízbrannie trudi. O iaziké khudójestvennoi prózi* [*Obras selecionadas. Sobre a linguagem da prosa artística*], Moscou, Naúka, 1980, p. 241.

o diálogo. O discurso dialógico é uma parte constitutiva da novela ou romance.[21]

Como podemos ver, Vinográdov não concebe uma obra literária como um texto de natureza dialógica. Para ele, todas elas são monológicas em sua essência e os diálogos apenas servem como meio de comunicação entre os personagens. Em vários dos seus textos ocorre a ideia de variedade estilística presente em obras literárias, a qual ele denomina de *dramatização*. Assim, no livro *Sobre a linguagem da literatura*, encontramos a seguinte definição desse conceito:

> A dramatização interna do *skaz* consiste na transmissão de pensamentos e sentimentos que muitas vezes se sobrepõem e contradizem um ao outro. A construção sintática compõe-se por formas de diálogo interno ou por uma colisão de frases intermitentes.[22]

Em outro trabalho, dedicado à análise estilística da novela de Aleksandr Púchkin "A dama de espadas", Vinográdov desenvolve o conceito de dramatização a partir do estudo das particularidades sintáticas de um texto concreto. O efeito dramático é criado por meio da miscigenação de estilos literários diversos, de gêneros discursivos, de dialetos e até mesmo de gírias. Essa variedade estilística encontra unidade na imagem do autor:

> Na esfera da realidade retratada entra o próprio sujeito da narrativa: a "imagem do autor". Ele

---

[21] *Idem*, p. 243.

[22] Viktor Vinográdov, *O iaziké khudójestvennoi literatúri* [*Sobre a linguagem da literatura*], Moscou, Gossudárstvennoe Izdátelstvo Khudójestvennoi Literaturi, 1959, pp. 501-2.

representa uma forma de correlações complexas e contraditórias entre a intenção do autor, a personalidade fantasiada do escritor e as imagens dos personagens. A chave para o todo, para a unidade da narrativa literária do sistema puchkiniano encontra-se na compreensão de todas as tonalidades dessa estrutura multifacetada e polissemântica da imagem do autor.[23]

O autor está tão próximo dos seus personagens que às vezes até parece ser um deles. No entanto, não devemos considerar que os personagens e o autor estejam no mesmo plano (algo que, segundo Bakhtin, ocorre nas obras de Dostoiévski):

> O autor se aproxima da esfera da consciência dos personagens, mas não assume os seus discursos ou atos. Os personagens, apesar de agirem e conversarem por si, ao mesmo tempo são atraídos à esfera da consciência do autor. Nas imagens dos personagens há uma fusão dialética das duas forças da realidade: da sua visão subjetiva do mundo e do próprio mundo, cuja parte eles representam. Depois de surgir na esfera da narrativa do autor, eles permanecem dentro de seus limites como objetos da realidade ficcional e como as formas subjetivas de suas possíveis compreensões.[24]

---

[23] Viktor Vinográdov, "Stil 'Píkovoi dami'" ["O estilo de 'A dama de espadas'"], em *Ízbrannie trudi. O iaziké khudójestvennoi prózi* [*Obras selecionadas. Sobre a linguagem da prosa artística*], Moscou, Naúka, 1980, p. 203.

[24] *Idem*, pp. 208-9.

É claro, não podemos esquecer que, quando Bakhtin analisa as obras de Dostoiévski e Vinográdov escreve sobre a novela de Púchkin, eles falam de diferentes autores pertencentes a épocas distintas. Se Púchkin situava-se na vanguarda do realismo, Dostoiévski já presenciava a sua plena formação. Essa distância histórica pode explicar as diferentes posições dos autores em suas obras: na obra de Púchkin o autor, apesar de estar próximo dos seus personagens, mesmo assim direciona os seus atos; já em Dostoiévski, eles ganham uma independência jamais vista antes que lhes permite dialogar consigo mesmo, com outros personagens e por vezes até com o próprio autor. Porém, não podemos esquecer que Vinográdov, tal como mostramos anteriormente, também escreveu sobre a obra de Dostoiévski e, mesmo nesse caso, sua análise divergia da bakhtiniana.

De acordo com Vinográdov, em "A dama de espadas" a variedade discursiva obedece à unidade da obra, e "a estrutura da narrativa parece vencer a natureza dramática sendo condicionada pelas formas de correlação dos planos subjetivos do autor e dos personagens".[25] A presença do discurso dialógico entre os personagens sempre está inserida na consciência monológica do autor. Vinográdov denomina esse estilo puchkiniano de "realismo dramático" e lhe atribui as seguintes características:

> [...] é a dramatização da própria narrativa por meio da presença de múltiplos sujeitos, a transformação do monólogo do autor ou narrador em "polílogo". Na narrativa do autor, passaram a soar várias vozes. No estilo narrativo, surgiu uma com-

[25] *Idem*, p. 209.

plexa inter-relação de vários planos de sujeitos, de diferentes pontos de vista.[26]

A análise do elemento dramático na obra de Púchkin é feita por Vinográdov através do estudo minucioso das questões de sintaxe. Segundo ele, Púchkin, com a ajuda da sintaxe, destaca dentro da narrativa do autor o discurso indireto que expressa "o sentimento alheio".[27] Esse fenômeno de dramatização manifesta-se, por exemplo, nos seguintes aspectos: no uso repetitivo da conjunção "e"; e na troca da posição dos advérbios (que, apesar de no russo normalmente anteceder o verbo, encontram-se depois dele em certos trechos da novela puchkiniana). Tudo isso, juntamente com a prevalência de verbos no passado perfeito, atribui à novela maior dinamicidade.

Entre outras questões sintáticas, Vinográdov atenta para o emprego das conjunções que desempenham o papel de elos semânticos da narrativa:

> Na linguagem da prosa puchkiniana, as conjunções não são determinantes, nem indicadores de um movimento lógico, mas servem como símbolos de omissões, reticências; o sentido das conjunções é definido por meio do significado dos períodos vizinhos e não das funções das formas sintáticas.[28]

Ainda de acordo com Vinográdov, na novela de Púchkin são muito frequentes os períodos formados por orações semanticamente opostas, mas ligadas por conjunção aditiva, como, por exemplo, na seguinte frase: "Todos a conheciam

---

[26] *Idem*, p. 215.

[27] *Idem*, p. 224.

[28] *Idem*, p. 233.

e ninguém a notava". Essas construções são denominadas pelo autor de "abertas" por permitirem uma maior liberdade de interpretações e criarem uma tensão emocional: a dramatização da narrativa. Entre outros meios estilísticos que ajudam a criar o efeito dramático, Vinográdov aponta os períodos compostos sem conjunções, tema central do artigo bakhtiniano. De acordo com Vinográdov, as construções sem conjunções efetuam "um salto expressivo e semântico de uma ideia à outra"[29] com o objetivo de tornar o discurso mais intermitente, irônico e, portanto, expressivo.

De modo geral, Vinográdov, assim como Bakhtin, afirma no artigo em questão que os procedimentos estilísticos são capazes de deixar uma obra literária ora homogênea, ora heterogênea. Porém, é notável a diferença crucial entre os dois linguistas. Enquanto Bakhtin concebe a natureza linguística como dialógica por princípio, Vinográdov a vê como monológica, sendo que os elementos dialógicos (dramáticos) sempre estarão sujeitos à intenção do autor da obra literária.

Nosso objetivo foi possibilitar que a análise comparativa dos dois autores esclareça as especificidades da estilística bakhtiniana e de sua consequente metodologia de ensino de língua materna. Dois aspectos foram marcantes. Por um lado, a coerência entre as análises literárias de Bakhtin e sua metodologia de ensino da língua russa, que partem da materialidade linguística para chegar às relações dialógicas, à dramatização de diferentes pontos de vista, efeitos estilísticos, vozes sociais e individuais. Por outro, ocorre uma proximidade na diferença entre a estilística metalinguística de Bakhtin e a estilística linguística de Vinográdov, cujas obras estão profundamente inseridas no contexto dos estudos linguísticos e literários na Rússia e União Soviética. Em suma, Bakhtin é um homem do seu tempo. Sua obra aborda de modo

---

[29] *Idem*, p. 236.

responsável e singular as questões teóricas e metodológicas dos contextos acadêmico e educacional russo do século XX. Por isso mesmo, é capaz de dialogar com o leitor brasileiro contemporâneo.

REFERÊNCIAS BIBLIOGRÁFICAS

AKHMÁNOVA, Olga. *Slovar lingvistítcheskikh tiérminov* [*Dicionário de termos linguísticos*]. Moscou: Kníjni Dom "Librokom", 2010.

BAKHTIN, Mikhail. *Estética da criação verbal*. Tradução de Paulo Bezerra. São Paulo: Martins Fontes, 2003.

_____. *Problemi tvórtchestva dostoiévskogo* [*Problemas da obra de Dostoiévski*]. In: BOTCHAROV, Serguei; MIÉLIKHOVA, Leontina (orgs.). *M. M. Bakhtin. Sobránie sotchiniénii*, t. 2. Moscou: Rússkie Slovarí, 2000, pp. 5-175.

_____. *Problemas da poética de Dostoiévski*. Tradução de Paulo Bezerra. Rio de Janeiro: Forense Universitária, 5ª ed., 2010.

CLARK, Katerina; HOLQUIST, Michael. *Mikhail Bakhtin*. Tradução de J. Guinsburg. Prefácio de Boris Schnaiderman. São Paulo: Perspectiva, 1998.

POTEBNIÁ, Aleksandr. *Misl i iazik* [*O pensamento e a linguagem*]. Moscou: Pravda, 1989.

TCHERNICHIÓV, Vassíli. *Právilnost i tchistotá rússkoi riétchi: ópit rússkoi stilistítcheskoi grammátiki* [*Correção e pureza da língua russa: estudo de uma gramática estilística russa*]. Moscou: LKI, 2010.

VESSELÓVSKI, Aleksandr. *Istorítcheskaia poétika* [*Poética histórica*]. Moscou: Víschaia Chkola, 1989.

VINOGRÁDOV, Viktor. "Stil peterbúrgskoi poemi *Dvoinik*" ["O estilo do poema petersburguense *O duplo*"]. In: DOLININA, Arkadi (org.). *F. M. Dostoiévski. Statí i materiáli* [*F. M. Dostoiévski. Artigos e materiais*]. São Petersburgo: Misl, 1922, pp. 211-54.

_____. *Siujet i arkhitektónika romana Dostoiévskogo "Biédnie liudi" v sviazí s vopróssom o poétike naturálnoi chkóli* [*O enredo e a arquitetônica do romance de Dostoiévski "Gente pobre" ligados à questão da poética da escola naturalista*]. In: BRODSKI, Nikolai (org.). *Tvórtcheski put Dostoiévskogo* [*O caminho da criação de Dostoiévski*]. Leningrado: Seiatel, 1924, pp. 49-103.

_____. *O iaziké khudójestvennoi literaturi* [*Sobre a linguagem da literatura*]. Moscou: Gossudárstvennoe Izdátelstvo Khudójestvennoi Literaturi, 1959.

_____. *Stilístika, teória poetítcheskoi rietchi, poétika* [*Estilística, teoria do discurso poético, poética*]. Moscou: Izdátelstvo Akademi Naúk SSSR, 1963.

_____. "Stil 'Píkovoi dami'" ["O estilo de 'A dama de espadas'"]. In: *Ízbrannie trudi. O iaziké khudójestvennoi prózi* [*Obras selecionadas. Sobre a linguagem da prosa artística*]. Moscou: Naúka, 1980a [1959], pp. 232-3.

_____. "O teóri literatúrnikh stílei" ["Sobre a teoria dos estilos literários"]. In: *Ízbrannie trudi. O iaziké khudójestvennoi prózi* [*Obras selecionadas. Sobre a linguagem da prosa artística*]. Moscou: Naúka, 1980b [1959], pp. 240-9.

_____. *Probliémi rússkoi stilístiki* [*Problemas da estilística russa*]. Moscou: Víschaia Chkola, 1981.

VINOKUR, Grigori. *Kultura iaziká* [*Cultura da linguagem*]. Moscou: Rabótnik Prosveschénia, 1925.

Sobre o autor

Mikhail Bakhtin nasceu em 17 de novembro de 1895 em Oriol, na Rússia, em uma família aristocrática, e passou a infância nas cidades de Oriol, Vilna e Odessa. Ingressou na Universidade de Odessa em 1913 e prosseguiu os estudos na Universidade Imperial de Petrogrado (hoje Universidade Estatal de São Petersburgo), onde permaneceu até 1918. Neste ano mudou-se para Névél (na atual Bielorrússia), onde foi professor de história, sociologia e língua russa durante a guerra civil, transferindo-se em 1920 para a capital regional Vitebsk. Nessa época liderou um grupo de intelectuais que ficaria mais tarde conhecido como Círculo de Bakhtin, e que incluía nomes como Matvei Kagan, Maria Iúdina, Lev Pumpianski, Ivan Solertinski, Valentin Volóchinov e Pável Medviédev. Em 1921 casou-se com Ielena Aleksándrovna Okólovitch, e em 1924 o casal se mudou para São Petersburgo, então chamada Leningrado.

Em dezembro de 1928, Bakhtin foi preso por participar do círculo filosófico-religioso Voskressênie (Ressurreição). Nessa mesma época, publicou um de seus trabalhos mais importantes, *Problemas da obra de Dostoiévski* (1929), mais tarde revisto. Em 1928 e 1929 também são publicados dois livros fundamentais do Círculo da Bakhtin: respectivamente *O método formal dos estudos literários*, de Medviédev, e *Marxismo e filosofia da linguagem*, de Volóchinov, que chegaram a ser atribuídos ao próprio Bakhtin. Inicialmente condenado a cinco anos em um campo de trabalhos forçados, Bakhtin teve, devido à saúde frágil, a pena comutada para o exílio em Kustanai, no Cazaquistão, onde viveu entre 1930 e 1936.

Mesmo depois de terminado o período de degredo, Bakhtin continuou proibido de viver em grandes cidades e permaneceu com extrema dificuldade para publicar seus trabalhos. Depois de algumas mudanças estabeleceu-se em Saransk, onde trabalhou no Instituto Pedagógico da Mordóvia entre 1936 e 1937. Com a turbulência política, precisou abandonar Saransk ainda em 1937, morando clandestinamente em casas de amigos em Moscou e Leningrado, e depois conseguindo uma residência em Saviólovo, próximo a Moscou, no distrito de Kimri, onde lecionou em duas escolas de ensino médio até 1945. Ainda em 1938, a doença crônica de que sofria, a osteomielite, se agravou, e Bakhtin precisou amputar uma perna. Nesse período redigiu sua famosa tese de doutorado sobre François Rabelais, defendida no Instituto de Literatura Mundial, em Moscou, em 1946. A tese gerou polêmica, e o título pleno de doutor lhe foi negado. Também nessa época foi escrito o ciclo de trabalhos sobre o gênero romanesco, nos quais o autor desenvolveu o conceito de cronotopo. As obras desse produtivo período em Saviólovo só seriam publicadas décadas mais tarde. De volta a Saransk, em 1945, o autor retomou o posto de professor de literatura universal no Instituto Pedagógico da Mordóvia, instituição que recebeu o status de universidade em 1957, e na qual permaneceu até se aposentar, em 1961.

Desde 1930 Bakhtin não havia publicado quase nada e estava isolado dos principais circuitos acadêmicos e literários da União Soviética. Em 1960, três estudantes de Moscou — Vadim Kójinov, Serguei Botcharov e Gueórgui Gátchev — redescobriram seu livro sobre Dostoiévski e, surpresos em saber que o autor seguia vivo e morava em Saransk, escreveram-lhe uma carta. A partir desse momento seguiu-se uma série de publicações que trouxeram seu nome de volta ao cenário intelectual soviético: a obra sobre Dostoiévski foi completamente revista e publicada novamente sob o título *Problemas da poética de Dostoiévski* (1963); em seguida, publicou *A cultura popular na Idade Média e no Renascimento: o contexto de François Rabelais* (1965) e preparou a coletânea de ensaios *Questões de literatura e de estética*, publicada logo após sua morte. A obra de Bakhtin só veio a ser conhecida no Ocidente a partir de 1967, mesmo ano em que o autor foi oficialmente reabilitado pelo governo russo. Faleceu em 1975 em Moscou, onde seis anos antes fixara residência.

Sobre as tradutoras

Sheila Vieira de Camargo Grillo nasceu em 1968 em Tatuí, SP. É formada em Letras pela Universidade de São Paulo, mestre em Linguística Aplicada pela Unicamp e doutora em Linguística pela USP. Atuou como doutoranda, pós-doutoranda e pesquisadora nas universidades Paris X--Nanterre, Stendhal Grenoble III e no Instituto Górki da Literatura Mundial (Moscou). É líder, juntamente com Flávia Silvia Machado, do grupo de pesquisa "Diálogo" (USP/CNPq) e integra os grupos de pesquisa GEDUSP (Grupo de Estudos do Discurso, da USP) "Linguagem, identidade e memória" e o GT de "Estudos Bakhtinianos" da ANPOLL. É professora na área de Filologia e Língua Portuguesa do Departamento de Letras Clássicas e Vernáculas da Universidade de São Paulo. É autora do livro *A produção do real em gêneros do jornalismo impresso* (Humanitas/Fapesp, 2004) e tradutora, juntamente com Ekaterina Vólkova Américo, de *O método formal nos estudos literários*, de Pável Medviédev (Contexto, 2012), *Questões de estilística no ensino da língua*, de Mikhail Bakhtin (Editora 34, 2013) e *Marxismo e filosofia da linguagem*, de Valentin Volóchinov (Editora 34, 2017).

Ekaterina Vólkova Américo nasceu em 1978, em Moscou. Formou--se em História, Literatura e Cultura Russa e Hispano-Americana pela Universidade Estatal de Ciências Humanas de Moscou. É mestre e doutora em Literatura e Cultura Russa pela Universidade de São Paulo e professora de Língua e Literatura Russa da Universidade Federal Fluminense. Publicou, em coautoria com Gláucia Fernandes, o manual *Fale tudo em russo!* (Disal, 2013). Tem diversas traduções publicadas, entre elas, os livros *O método formal nos estudos literários*, de Pável Medviédev (Contexto, 2012), e *Questões de estilística no ensino da língua*, de Mikhail Bakhtin (Editora 34, 2013), ambos em parceria com Sheila Grillo, e os artigos "Sobre o significado das obras de arte para a sociedade", de Pável Ánnenkov, e "Púchkin", de Fiódor Dostoiévski (ambos em colaboração com Graziela Schneider), para a *Antologia do pensamento crítico russo* (Editora 34, 2013), além de textos de Iúri Lotman, Mikhail Bakhtin, Piotr Bogatyriov e Roman Jakobson, entre outros.

Este livro foi composto em Sabon, pela Bracher & Malta, com CTP e impressão da Bartira Gráfica e Editora em papel Pólen Soft 80 g/m² da Cia. Suzano de Papel e Celulose para a Editora 34, em outubro de 2019.